Natalie Trenz
Drama Queen im Chaos

Zusammenfassung:

Die Geschichte einer recht dramatischen und emotionalen Frau, die auf ihrem Weg zur Selbstfindung durch viel Herzschmerz, Unwissenheit, Verwirrung und Kummer, einige Lektionen lernen musste. Die größten Herausforderungen fand sie in ihren Erfahrungen mit Männern. Immer auf der Suche nach Liebe, innerem Frieden und dem Sinn ihres Lebens. Mit viel Drama und ihren starken Emotionen kämpfte sie für ihr Happy End mit dem richtigen Mann und einem erfüllten Leben. Ob sie bekam was sie wollte?

Neben ihren Männer Geschichten gibt es auch psychologische Einblicke in ihre Persönlichkeit und persönliche Ratschläge aus dem, was sie in Psychologie lernte.

Eine hilfreiche Stütze und unterhaltsame Geschichte für Frauen, die von ähnlichen Problemen geplagt werden und hierdurch Mut und Lösungsvorschläge erhalten können.

FSC
www.fsc.org
MIX
Papier aus ver-
antwortungsvollen
Quellen
Paper from
responsible sources
FSC® C105338

Natalie Trenz

Drama Queen im Chaos

Ein Leben in Drama und Kummer,

auf dem Weg zur Selbstfindung.

Impressum

Bibliografische Information der Deutschen Nationalbibliothek: Die Deutsche Nationalbibliothek verzeichnet diese Publikation in der Deutschen Nationalbibliografie; detaillierte bibliografische Daten sind im Internet über Vorwort

Schlusswort

http://dnb.dnb.de abrufbar.

Die Autorin bestand darauf, ohne Lektorat und Korrektorat das Buch zu veröffentlichen.

Verlag: BoD · Books on Demand GmbH, Überseering 33, 22297 Hamburg, bod@bod.de

Druck: Libri Plureos GmbH, Friedensallee 273, 22763 Hamburg

ISBN: 978-3-8482-6356-1

Inhaltsverzeichnis

Natalie Trenz

Vorwort:

Mein Leben erschien mir immer wie eine Bühne. Irgendwie konnte ich nie so richtig begreifen, was mir passierte. Es würde mir auch niemand glauben, also musste ich es schreiben und aus Spaß sagte ich immer wieder nach der nächsten Katastrophe: „Ich werde eines Tages ein Buch über all diesen Quatsch schreiben und es veröffentlichen, weil einfach alles zu unglaublich ist". Es war Spaß, aber ich schrieb sowieso Tagebuch und dachte mir erst, wie ich das wohl hinbekommen sollte. Der Gedanke ließ mich nie mehr los und es wurde ein Traum von mir, mein Buch zu schreiben.

Auf meiner Bühne war ich oft unfassbar theatralisch und emotional, weil mir das Leben immer zu schwer vorkam. Warum war alles so schwer und schmerzhaft? War ich zu blöd, das Leben zu meistern, oder zu empfindlich? Ich kam nicht dahinter und fühlte mich oft verloren.

Ich wusste nicht wer ich bin, warum ich bin wie ich bin oder was ich vom Leben will. Es kam mir alles sinnlos vor und ich machte mir auch keine Gedanken darüber. Mir wurde beigebracht, Erwartungen zu erfüllen, also versuchte ich es. Als dann die Schwierigkeiten des Lebens kamen, kamen auch die Schwierigkeiten mit mir selbst. Ich verstand das alles nicht.

Das Berufsleben war speziell genug und nicht wirklich befriedigend, aber nichts bereitete mir mehr Probleme als Männer. Sie waren mein psychischer Untergang und ich wusste es nicht. Amor und ich waren definitiv nicht kompatibel. Wie ist das? Sitzt dieser kleine dicke Kerl mit seinen Pfeilen auf seiner Wolke und schießt mich ab, weil er Lust hat mich leiden zu sehen? Denn die Männer wurden verschont. Letzen Endes war es meine Einstellung, mit der ich die falschen Männer anzog. Eine Ausstrahlung ohne Selbstwert, die mir diese Probleme bereitete. Ich musste meine Denkweise ändern, denn mangelndes Selbstbewusstsein zog eben solche Männer an.

Meine Geschichte soll zeigen, was passieren kann, wenn der falsche Weg durch die falsche Denkweise, verstörende Folgen mit sich tragen kann. Ich lernte zwar erst sehr spät aus all dem, was ich ertragen musste, aber es formte dafür umso stärker. Vielleicht ist mein Buch eine Stütze für dein wichtigstes Investment, nämlich für dich selbst. Es soll helfen, Augen öffnen und Möglichkeiten aufzeigen, und das für jeden ganz individuell.

Es geht nicht darum, Männer zu hassen und mich selbst als Opfer darzustellen, sondern um den Ärger über mich selbst, mich den falschen Männern hingegeben zu haben und der Umgang mit eigenen Fehlern und den Arschlöchern, die es nun einmal gibt. Es geht ehr um die Bewältigung und Erkenntnisse, statt Schuldzuweisungen.

Nicht alle Männer sind Mist, aber leider viel. Und selbst wenn ich einige sehr schlechte Erfahrungen machte, werden hier auch sehr schöne Situationen mit Männern erwähnt, die mich prägten.

Das Leben ist leider so, dass Beziehungen nicht immer funktionieren, aus so vielen verschiedenen Gründen. Es liegt meistens an beiden, doch es geht nicht um Schuldzuweisungen, sondern um den Umgang mit Ungerechtigkeiten und anderen Umständen, an denen oft niemand Schuld hat. Nicht böse sein, wenn sich jemand gegen dich entscheidet oder dich verlässt. Es ist schmerzhaft, aber Wut ist an anderer Stelle angebracht.

Fakt ist, solange man respektvoll, ehrlich und fair miteinander sprechen kann, ist dies die beste Variante, etwas zu beenden. Verantwortung für die Gefühle anderer übernehmen, statt egoistisch und feige weg zu laufen. Um nicht verfeindet auseinander zu gehen und den anderen zu beleidigen.

Doch oft ist Friede Freude Eierkuchen nicht möglich und es scheitert oft an den Charakteren der Menschen. Schade.

IV

Widmung:

Mein Buch widme ich dem Menschen, der mich 2024 leider nur 2 Monate sehr glücklich machte und mein Leben bereicherte.

Zum ersten Mal überhaupt war ich glücklich mit einem Mann und diese Zeit bleibt immer tief in meinem Herzen. Es war nicht nur die schönste Zeit meines Lebens, sondern auch die intensivsten Gefühle, die ich jemals für einen Mann hatte.

Sein Einfluss bewegte mich zu diesem Buch, welches ich schon seit Jahren schreiben wollte. Nun hatte ich endlich den Mut es innerhalb einer Woche in meinem Kummer zu schreiben, um es als Projekt zu beenden.

Es war mit unter meine Verarbeitung und Bewältigung mit dem schlimmsten Liebeskummer meines Lebens.

Ich danke allen Männern, mit denen ich wertvolle Erfahrungen machen durfte, die mich wachsen ließen und mich zu dem Menschen machten, der ich heute bin.

Der Weg zur Selbstfindung begann im Kummer nach der letzten Liebes Tragödie für mich. Danach konnte ich endlich die Lektionen, die ich schon mehrmals lernte, auch umsetzen.

Kapitel 1:

Dramatische Persönlichkeiten

Was bedeutet es, dramatisch zu sein? Es gibt Definitionen, mit denen ich lernte, wie ich bin und stolz darauf zu sein. Damals schämte ich mich oft für meine spezielle Art, weil sie offenbar für manche anstrengend und oft unerträglich war. Mittlerweile weiß ich damit umzugehen und werde mich niemals verändern, solange niemand einen Schaden daran nimmt. Meine Persönlichkeit zeige ich gern und deutlich, daher bezeichne ich mich selbst als Drama Queen, was absolut wertvoll und überhaupt nicht schlimm ist. Ich zeige offen meine Emotionen und das ist meine Stärke, weil es nicht jeder kann. Als ich das noch als Schwäche empfand, hatte ich Probleme, obwohl viele andere Talente mit dieser Gabe verknüpft waren. Es wurde zu einer Erleichterung, einer Befreiung, mich so anzuerkennen und zu lieben. Da ich teilweise auch sprunghaft und in bestimmten Situationen je nach Laune auch histrionisch bin, erkläre ich kurz, was damit gemeint ist.

Ein **Persönlichkeits- Stil** ist eine Darstellung charakterlicher Merkmale, die Besonderheiten in einem Verhalten. Es sind Denk- und Handlungsmuster, die im Vordergrund stehen und einen Menschen ausmachen. Was ein Mensch denkt, fühlt, wie er handelt und mit anderen Menschen in Kontakt tritt. Diese Merkmale sind stark ausgeprägt, treten relativ unflexibel auf und stellen auch Kompetenzen dar.

Eine **Persönlichkeits- Störung** liegt vor, wenn die besonderen Merkmale der Denkweise, Gefühle und Verhaltensweisen schädlich für den Mensch selbst und seine Umwelt werden. Die Eigenschaften zeigen sich intensiver und weichen deutlich von kulturell erwarteten und akzeptierten Vorgaben ab. Zu erkennen sind sie dann in Kognition, Affektivität,

Impulskontrolle und Bedürfnisbefriedigung, sowie die Art der zwischenmenschlichen Verhaltensweisen. Sie sind auffällig, schädlich, führen zu einem Leidensdruck und Einschränkungen im Leben, vor allem in sozialen und/oder beruflichen Kompetenzen. Oftmals unangebrachtes Verhalten und Äußerungen, die auch unzweckmäßige Resultate erzeugen und häufig auftreten, stabil und von langer Dauer sind.

Eine Störung der Persönlichkeit kann psychologisch festgestellt und entweder stückweise in Trainings „gelöst" oder bearbeitet werden. Sie stellen keine psychische Erkrankung dar.

Unterschiede zwischen Stil und Störung:

Beispiele:

Stil:	**Störung:**
Du bist gewissenhaft und sorgfältig	oder zwanghaft
Du bist emotional und empfindsam	oder hysterisch
Du bist wachsam und misstrauisch	oder paranoid
Du bist sprunghaft und spontan	oder impulsiv
Du bist anhänglich und loyal	oder abhängig
Du bist selbstkritisch und vorsichtig	oder sabotierend

Eine Auflistung der Persönlichkeits- Stile und Störungen und den Erklärungen, wie diese entstehen, hilft zu verstehen, woran Menschen für sich arbeiten könnten/sollten. Was ich für mich nicht nur als wichtig empfand, sondern auch unter anderem zu meinem Fachgebiet erklärte, um zu helfen.

Definition „Dramatischer Persönlichkeits- Stil:

Sie haben die Gabe des intensiven Fühlens und verwandeln
Gefühle in eine Kunst. Ein ausgeprägter Sinn für Schönheit,
extreme Stimmungen und Extravaganz begleitet ihr Leben. Sie
drücken ihre Gefühle deutlich und intensiv aus, brauchen
Sinnlichkeit und Leidenschaft, um emotional groß auftreten
zu können. Ihr Leben ist niemals langweilig, auch nicht für
ihre Mitmenschen. Sie erfüllen ihre Welt mit Aufregung, denn
bei ihnen passiert immer etwas. Ihre Gefühle und Stimmungen wechseln oft und sie sind körperlich herzlich. Durch ihre
starke Phantasie erleben sie alles sehr intensiv und werden angezogen von Romantik und Melodramatik. Sie sind zusätzlich
lebhaft, lustig auf ihre persönliche intensive Art, sind impul-
siv und machen jeden Augenblick zu etwas Besonderem. Auf-
fälligkeit ist ihnen wichtig, weil sie gerne im Mittelpunkt stehen möchten. Daher brauchen sie viel Aufmerksamkeit, Lob
und Komplimente, um ihr Selbstbewusstsein stets von ihrer
Umwelt bestärken zu lassen. Ein gepflegtes und auffallendes
Äußeres, sowie ein Sinn für Mode und Stil untermalt ihre Persönlichkeit. Auch sexuell sind sie anziehend und verführen
unfassbar gerne mit ihren Reizen und Sinnen. Als Verführer
nehmen sie andere gerne für sich ein und bezaubern sie auch
sexuell intensiv. Haltung bewahren in emotionalen Situationen können sie weniger. In jeder Stimmung reagieren sie
stark. Sind sie einmal wütend, müssen Mitmenschen sich in
Acht nehmen. Der Umgang mit Finanzen und anderen ernsteren Dingen, wie zum Beispiel Politik, interessieren sie weniger. Sie bevorzugen Herzschmerz Geschichten und andere ge-
fühlsbetonte Ereignisse. Sie erleben ihre Welt intensiver als
andere und vermitteln ihren Eindruck der emotionalen Erfahrungen extremer. Sie sind auch sehr gesellig und achten auf
das Wohlbefinden anderer, die sie mögen. Liebe zu anderen
Menschen empfinden und zeigen sie mit Stolz und intensiver
Leidenschaft, Mitgefühl, Fürsorge und stellen sie auf ein

Podest, als wären sie für etwas ganz Besonderes. Ihre Unterstützung in allen Belangen ist groß und intensiv. Sie versuchen alles für ihre Liebsten zu machen und zu erreichen, was sie sich wünschen. Starke Reize und Aktivitäten sind für das Feuer einer Beziehung mit einem Partner erforderlich, damit es ihnen nicht zu schnell langweilig wird. Ein öder Alltag ist auf Dauer daher schädlich für die Beziehung. Ein Streit oder Schwierigkeiten mit ihnen zeigen sich sehr stürmisch und energisch. Es kommt zu emotionalen Ausbrüchen, wenn sie nicht genug Bewunderung und Aufmerksamkeit bekommen. Sie sind unglücklich ohne einen Partner, in dessen Augen sie glänzen können, denn sie möchten etwas Besonderes für ihren Partner sein und wollen daher auch nicht allein sein. Des Weiteren haben sie eine niedrige Frustrationstoleranz und sind sehr ungeduldig. Mit Stress und Sorgen können sie nicht gut umgehen und möchten sich lieber mit schönen Dingen ablenken. Ihre Welt ist eine Traumwelt. Eine Märchenwelt, in der alles gut ist und wird, optimistisch und etwas unrealistisch. Sie erleben alles wie auf einer Bühne im Rampenlicht und sie können sehr gut unterhalten. Sie möchten einen starken Eindruck hinterlassen, sind ideenreich und haben bei Schwierigkeiten emotional noch etwas Hilfe notwendig, um ihre Träume erfüllen zu können.

Das bin ich.

Zusätzlich auch die sprunghafte und zum Teil etwas histrionische Persönlichkeit in Kombination. Und an dieser Beziehung mit mir selbst arbeite ich und akzeptiere mich stetig für meinen Seelenfrieden.

Ich bin chaotisch, emotional, hochsensibel und verdammt energisch, was Gerechtigkeit angeht. Es gibt nur Wenige, die mich verstehen, akzeptieren, mit mir umgehen können und lieben. Und ich bin stolz darauf.

Es wurde nach meiner ersten Beziehung 2017 bis 2018 erst bekannt, durch eigene Recherche, warum ich Muster aufzeigte, die schädlich für mich waren. Ein gestörtes Verhältnis zu Männern, die mich verließen, aus der Kindheit/Jugend. Das Ergebnis war emotionale Abhängigkeit, Verlustangst etc., was sich dramatisch auswirkte. Wer mich nicht kennt, oder sich mit der Thematik nicht auskennt, versteht meine Reaktion niemals. Und das löst zwischenmenschliche Probleme aus, die man durchaus miteinander klären kann, wenn die Bereitschaft hierzu besteht. Doch meist endet es im Chaos und dem Gedanken: „bloß weg von der Frau". Ich verstehe das. Es ist anstrengend und ich arbeitete an mir. Wer nicht verstehen will, wird immer verschwinden und du warst das Problem.

Leider traurig, doch so sei es. Ich stehe zu meiner Problematik und es ist verdammt schwer, Muster zu durchbrechen. Mache ich Fehler, stehe ich dazu und entschuldige mich. Oft neige ich zu Übertreibung und brauche Aufmerksamkeit. Ich komme mit Liebe und Liebesschmerz nicht zurecht und versuche es zu verarbeiten, wie es jeder auf verschiedene Arten und Weisen versucht.

Da ich Liebe nie glücklich erfahren durfte, wenn dann nur kurz, war Liebe für mich immer nur Schmerz. Ein Schmerz, den ich nicht ertragen konnte. Es riss mir das Herz so abrupt heraus, dass ich nicht mehr leben wollte.

Von dramatischen und auch schönen Momenten und Einsichten wird berichtet.

Kapitel 2:

Jugendlicher Blödsinn- Schule und Jungs

Als Kind war ich etwas überbehütet und daher später dementsprechend hilflos den ersten Problemen gegenüber. Ich war glücklich, aber sehr empfindlich. Sobald mich jemand schief ansah, war ich beleidigt. Nun ja, das war so und als Teenager gab es daraufhin Schwierigkeiten, die ich nicht verstand und durch harte Lektionen schmerzhaft aus dem Leben geboxt wurde.

Der erste Schwarm:

In der Schule war ich eher ein Einzelgänger mit anderen Einzelgängern als Freunden. Ich wollte immer zu diesen Gruppen dazugehörigen, denn das waren die Coolen. Später verstand ich, dass ich gut daran war, allein zu sein. Ich war auch verknallt in einen Jungen aus meiner Klasse. Da ich schüchtern und überhaupt nicht bereit für Liebeleien war, schmachtete ich ihn immer nur aus der Ferne an. Ich konnte nach der Schulzeit ein paar Fotos von ihm ergattern. Als Erinnerung an ihn, den ersten Schwarm in der Schule. Er sah für mich umwerfend aus, obwohl ich damit als Einzige dieser Ansicht war. Mir gefiel er. Wenn der den Klassenraum berat, war ich so nervös, dass mein Herz pochte wie verrückt. Er war still und in sich gekehrt. Doch seine Ausstrahlung warf mich um.

Der zweite Schwarm:

Ich machte Video Aufzeichnungen von Klassenfahrten, weil ich ständig die Kamera mithatte. In der Klasse meiner Cousine war ein Junge, der mir noch besser gefiel und dem ersten Schwarm tatsächlich sehr ähnlichsah. Mein Beuteschema war deutlich. In den 90ern waren diese Hip-Hop- Hosen angesagt. Sie waren sehr weit geschnitten und wurden von vor allem unterhalb des Pos getragen, dass der Po und die Boxershorts damals die ersten Hingucker, die optisch herausstachen, sofern das T-Shirt nicht lange genug war. Sie trugen diese Hosen sehr breitbeinig im Schritt, denn sonst wären sie wohl einfach nach unten gerutscht. Hinzu kamen bei meinen Vorlieben bei einem Jungen noch ein auffallend negatives Verhalten, ein Cap auf dem Kopf und tatsächlich Brillenträger. Diese Kombi war anziehend für mich.

Der Junge aus der anderen Klasse hatte seinen Abschluss gemacht und ich sah ihn am letzten Tag der Schule noch den Weg herunter gehen und sagte innerlich Auf Widersehen und weinte. Ich brachte seine Telefonnummer in Erfahrung und hatte Stunden mit einer Freundin gebraucht, ihn endlich anzurufen. Ich war so unfassbar ängstlich und nervös, aber ich tat es. Er war wenig gesprächig und überrascht, vor allem wohl auch etwas verstört und bedrängt. Aber es gelang mir, ihn ein paar Mal zu treffen. Ich brachte es fertig, ihn zu nerven und er spielte das Arschloch, um mich los zu werden. Er vermittelte mir dann sein Interesse an meiner Freundin, die mir oft bei Gesprächen mit ihm half. Nun bemerkte ich, dass etwas in mir aus Eifersucht kaputt ging. Sie war hübscher als ich, so dachte ich, und ich war völlig entsetzt darüber, dass er so mies zu mir wurde. Das hätte er auch freundlicher mit mir regeln können. Ich wurde von ihm beleidigt und weg war er. Ich war am Boden zerstört, weil ich ihm nichts getan hatte und meine Freundin besser war als ich. Doch zu dieser Zeit fand ich schnell neue Kandidaten. Ich sah ihn nur noch einmal in seinem Heimatort auf der Kirmes, wo er mich ignorierte. Er war einmal auf einer Party von mir, wo er einen Klassenkameraden kannte. Ich veranstaltete unheimlich viele Partys in meiner Jugend. Er kam mich auch mit dem Auto abholen und wir schrieben mit den ersten Handys auf dem Markt und gekauftem Guthaben SMS. Es war gut so, dass er mich verschmähte, denn er hätte mir absolut nicht gutgetan. Ich hätte ihn zu dieser Zeit ohne Erfahrung niemals verstanden, so wie er drauf war.

Ich kam mir vor wie der schlimmste Mensch, eine Frau vor der er weglaufen musste. Doch ich war wohl auch etwas zu forsch herangegangen, was Jungs wohl Angst machte. Trotz meiner Schüchternheit schaffte ich es jetzt schon, Männer abzuschrecken, indem ich ihm nachlief.

Der erste „fast" Freund:

Mit 13 Jahren hatte ich den ersten Verehrer. Von ihm erhielt ich den ersten Liebesbrief mit Rechtschreibfehlern und meinen ersten Kuss. Wir trafen uns auf unserer Dorfkirmes. Er starrte mich plötzlich an und lächelte. Ich dachte nur: „Was ist denn in meinem Gesicht?" Es gefiel mir, dass er ständig zu mir schaute und mich zu energisch anlächelte. Er sprach mich an und ich war so schüchtern, sodass ich zu nichts fähig war. Er überschüttete mich mit Komplimenten, dabei sah ich schrecklich aus, wie ein Kind mit Pullover und ungeschminkt. Ich war doch erst 13 Jahre alt und spielte noch zuhause mit meinen Barbie Puppen. Doch er brachte mich nachhause an diesem Tag und an der Ecke von meiner Straße verabschiedeten wir uns. Als er seine Hände an meine Hüfte lag fing ich an zu zittern und dachte gleich daran wegzulaufen. Es ging allerdings so schnell, dass ich keine Chance dazu hatte. Er zog mich ganz sachte an sich und gab mir einen leichten Kuss auf den Mund. Ich errötete und lächelte ihn an. Als ich zuhause so verwirrt war, dass ich nach Wegen suchte, wie ich das alles verhindern konnte, wurde mir klar, dass ich sowas noch nicht wollte. Er gefiel mir, vor allem die Tatsache, dass er mich so toll fand, aber ich wollte lieber noch weiter mit Barbies spielen. Sein Brief war süß, aber ich ging ihm nur noch aus dem Weg, bis er mich in Ruhe ließ. Per SMS „Schluss" machen war noch Gang und Gebe. Ich wusste nichts, weil ich zu ängstlich war. Doch die Straßenecke, an der er mich küsste, werde ich immer sehen und an ihn denken. Dort wurde ich zum ersten Mal geküsst und er Ort bleibt für immer im Gedächtnis und löst schmunzelnde Gefühle aus.

Erster Zungenkuss:

Mit 16 Jahren lernte ich viele neue Freunde kennen, kam in eine Männer Clique und verwirrte meinen Kopf mit verschiedenen Männern. Auch der erste Zungenkuss ließ nicht lange auf sich warten. Die Verehrer wurden auch mehr, aber ich gestehe, ich hatte nie Interesse an ihnen. Ich wollte die Männer, die nicht gut für mich und mies zu mir waren. Der Zungenkuss im Kino war mit einem Jungen, der offenkundig nur Interesse an Sex hatte. Er war der typische Weiber Aufreißer zu seiner Zeit. Warum ich ihn wollte, war wie immer selbstzerstörerisch. Als er mich im Kino bedrängen wollte und mich fragte, wann ich denn so weit sei für Sex, war ich enttäuscht und fühlte mich bedrängt.

Ich sah ihn noch wenige Male zum Knutschen, aber mehr passierte nie. Mein Glück als unschuldiges Mädchen. Ich hätte es bereut. Dabei gab es so viele, die mich vergötterten, doch ich empfand nur Freundschaft. Ich stand auf die „Bad Boys". Und die armen lieben Männer sahen traurig zu.

Ich rastete in der Pubertät regelmäßig aus. Ich verstand mich selbst nicht, beleidigte meine Mutter, war höchst theatralisch, hysterisch und schlichtweg unerträglich. Warum wollte mich auch nicht mal ein Junge der mir gefiel? Auf mich standen nur die Kerle mit denen ich nichts anfangen konnte. Sie waren lieb, doch ich hatte keine Gefühle. Ich wollte schlecht behandelt werden, denn das zog mich an. Warum? Das ist mittlerweile einleuchtend, doch damals war ich einfach nur verzweifelt darüber.

Kapitel 3:

Der schönste Sommer

Mit 16 war ich auf dem Höhepunkt meiner Pubertät und drehte regelmäßig am Rad, wie es so schön heißt. Wir bekamen neue Nachbarn und der Junge war ein Traum. Er sah so verdammt gut aus, dass ich Hormone spürte, die in mir kochten. Klein aber verdammt fein. Er sprach allerdings nicht mit mir, wenn wir uns draußen sahen. Vielleicht fand er mich abstoßend, so dachte ich damals. In diesem Sommer mit süßen 16 Jahren erlebte ich so Einiges. Ich war täglich in den Ferien mit meiner Familie im Schwimmbad und hatte Spaß mit meinen Cousinen. Das Leben war sorglos, pubertär und frei von Schule im Schwimmbad, bis wir meinen neuen Nachbarn am Sprungturm sahen. Er sah nicht nur angezogen gut aus, sondern er war auch noch muskulös. Meine Cousine und ich beobachteten ihn vom Beckenrand aus und versuchten es unauffällig aussehen zu lassen. So hatten wir Beschäftigung mit weibischem Geflüster und hormonellen Gelüsten. Auf unserer Decke kam der Nachbar plötzlich zu uns und fing an mit meinem Onkel zu sprechen, als ob sie sich schon ewig kennen würden. Ich konnte es nicht fassen. Sie kannten sich vom Fischerverein. Er angelte Fische, sehr aufregend. Aber egal, sie kannten sich und ich war schnell mit ihm in Gespräch, weil er ja immerhin neben mir wohnte. Sein Lächeln und seine Art hauten mich um, er war noch so jung, etwa 14. Nun freundeten wir uns an. Er war wie ein kleines Kind, jeden Tag bei uns, gewann all unsere Herzen mit seiner lieben spielerischen Art. Er klingelte Sturm, so wussten wir, dass er es war. Er kitzelte meine Mutter und war recht nervig und verspielt, doch wir liebten es. Irgendwie brachte er frischen Wind in unser Schneckenhaus. Ich war verrückt nach ihm und wir waren viel alleine in meinem Zimmer. Er versuchte sich mir zu nähern und als wir Film schauten, verdunkelte er das Zimmer und nahm mich in seinen Arm auf meinem Bett. Er streichelte meinen Rücken und ich war starr wie ein Stein. Ich wusste nicht was ich machen sollte und bemerkte, dass er auf den nächsten Schritt von mir wartete. Doch ich konnte nichts tun, ich hatte Angst. Mir schlug das Herz bis zum Hals, es fühlte sich berauschend an. Ich mochte ihn doch so sehr und wollte ihn küssen, doch etwas hielt mich zurück. Tief im Inneren war ich zu anständig und schüchtern. Der Abend ging zu Ende ohne, dass mehr passierte.

Er sagte mir, dass er sich anfangs nicht getraut hat mit mir zu sprechen, weil er von mir eingeschüchtert war. Anscheinend hatte ich unwissentlich ein selbstbewusstes, starkes Auftreten nach außen. So ließ ich es laufen und wartete ab, was noch passieren würde. Die Verwirrung wurde größer, als ich im Schwimmbad einen Jungen sah, der mir gefiel. Er sah den Jungs aus der Schule damals ähnlich. Vor meinem Nachbarn traf ich den anderen Jungen und dachte nicht nach warum, oder was ich meinem Nachbarn damit vielleicht antun würde. So hatte ich zwei Jungs im Treiben und das wohl nur, weil ich Anerkennung suchte. In seinem Ärger, ertappte ich meinen Nachbarn kurz darauf knutschend mit meiner Cousine. Ich war geschockt. Heute weiß ich warum das alles so lief, aber damals war ich einfach zu komisch drauf und noch viel zu unerfahren. Sie waren nicht zusammen, jedoch kam ich mit dem anderen Jungen zusammen, mit dem ich dann öfter zum Skaterplatz ging. Er war ein „cooler Skater" und ich lag im Bikini dort herum, um die Jungs anzuheizen. Meine Figur war beachtlich, denn ich war ein Leckerbissen in diesem Alter. Ich stellte fest, dass der Junge mir wie immer nicht mehr gefiel, weil er mich so toll fand. Er war verliebt und ich schoss ihn ab, sogar zweimal. Meinen Nachbarn sah ich noch immer oft und als ich 17 Jahre wurde, schenkte er mir eine Rose. Ich war beeindruckt, denn ich hatte noch nie eine derartige Geste bekommen. Er war immer willkommen bei uns allen und wir liebten ihn, als gehörte er zur Familie.

Ein Sommer voller Erlebnisse. Der erste Zungenkuss, der heiße Nachbar, der wie ein Bruder wurde. Dann der Junge vom Skaterplatz, den ich mir angelte. Die neuen Männer in der Clique und Verehrer, die mich wieder nicht interessierten. Mein Nachbar war das Schönste Geschenk in diesem Sommer. Wir verloren uns aus den Augen als ich mehr Interesse an unmöglichen Typen bekam und mehr Zeit mit der neuen Clique verbrachte. Auf dem Video meiner Geburtstags Party war er noch zu sehen, und ich fand ihn noch immer tolle, doch dort hatte ich bereits jemand anderen an der Angel. Er zog irgendwann wieder fort und ich sah ihn nur noch selten in der Öffentlichkeit. Er ignorierte mich, grüßte mich nicht einmal mehr. Ich verstand es lange nicht. Es machte mich unendlich traurig, denn nicht einmal bei social media wollte er mich kennen. Was war passiert? Warum wollte er nichts mehr mit mir zu tun haben? Hatte ich ihn doch verletzt? Warum redete er nicht mehr mit mir? Ich dachte wir waren zu jung um das alles zu verstehen. Oder war nur ich zu dumm und habe vieles nicht bemerkt?

Mit den Jahren noch bis heute, habe ich nachts Träume mit ihm, dass er mich verlässt und böse auf mich ist, weil ich so viele Männer um mich herumhatte und ihn nicht sah. Er fühlte sich schlecht behandelt, dabei wäre er so gut für mich gewesen. Warum hatte ich mich so verhalten und zugelassen, ihn zu verlieren? Das habe ich immer bereut und werde es immer beweinen. Er fehlt mir bis heute und ich denke oft an ihn. Diese tollen Erinnerungen mit ihm werde ich immer in Ehren halten, in der Hoffnung, ihm irgendwann wieder zu begegnen und in Frieden mit ihm zu reden. Ich habe nie erfahren, was er wohl zum Schluss von mir hielt, aber ich dachte wie immer an das Schlimmste. Ich weiß, dass er seine Familie gegründet hatte. Er hatte geheiratet und Zwillinge bekommen. Doch auf die letzten Nachrichten vor etlichen Jahren, antwortete er mir nicht und ließ nicht mehr zu, dass ich ihn kontaktieren kann. So traurig ich auch darüber war, ich wünschte ihm das Beste und akzeptierte sein Verhalten.

Kapitel 4:

Die erste Liebe

Nun hatte ich meine Clique voller Männer. Wir hatten eine Stammkneipe im Dorf, welche nicht weit weg von meinem Zuhause war. Fast täglich war ich mit ihnen dort und wir hatten eine tolle Zeit. Mit diesen Leuten zu feiern war so lustig und frei, dass ich immer wieder bei ihnen sein wollte. In der Schule wurde ich gemobbt, daher kam diese Zeit gerade Recht, um mich davon abzulenken.

Ich wurde von meiner Freundin mit einem Mann aus diesem Kreis „verkuppelt". Ob er mir gefiel wusste ich nicht wirklich und ich machte mir keine Gedanken darüber. Allerdings war er wieder ein Mann, der sich verliebte und lieb zu mir war, was mir natürlich wieder so gar nicht passte. Wir waren nicht sehr vertraut miteinander, und mir wurde der viele Alkohol, den er trank, schnell zum Problem. Ich kannte einen Trinker schon aus meiner Familie und wollte keinen Mann, der sich ständig betrinken muss. Und es gab seinen besten Freund, auf den ich ein Auge warf, weil er sich wie ein Arschloch verhielt. Unfassbar anziehend für mich. Also wollte ich nicht mehr mit ihm zusammen sein und lag meine Aufmerksamkeit auf seinen besten Freund. Ich tat ihm sehr weh damit, denn er war scheinbar wirklich verliebt. An Fasching gab es eine Party in unserer Halle mit Live Band. Er stieg auf die Bühne im betrunkenen Zustand und riss dem Sänger das Mikrophon aus der Hand. In mir brach Angst aus. Ich sah mich schon nach einem Fluchtweg um, als ich nur noch hörte, wie er laut schallend durchs Mikrophon schrie: „Natalie ich liebe dich!" Was sollte ich nun tun? Weinen oder Lachen? Viele Menschen in der Halle schauten zu mir und ich wollte in ein Loch fallen. Ich sah nur noch die Flucht aus der Halle.

Es war wunderschön, aber einfach zu viel für mich. Und es tat
mir auch so leid für ihn, doch ich wollte seinen Kumpel.

Und damit begann das ganze Drama.

Es war mir nicht klar, warum mir dieser Mann gefiel, wie immer. Alles was ich wusste war, dass ich ihn haben wollte, weil
er unerreichbar schien. Ich wollte mir beweisen, dass er sich
so lange er will wehren kann, ich würde ihn doch bekommen.
Er war kein freundlicher Mensch, zu mir jedenfalls nicht. Ich
lernte mich in Szene zu setzen, zu verführen, heiß zu machen
und das machte mir Spaß. Dieser Mann behandelte mich sehr
abwertend und zeigte mir deutlich, dass er mich nicht wollte.
Das spornte mich noch mehr an. Nach 2 Jahren hatte ich so
viel an ihm gebaggert, dass wir uns näherkamen. Eine Woche
vor meinem 19. Geburtstag gab ich alles, als ich mit ihm allein
war. Und er gab nach. Er wehrte sich nicht mehr und ließ es
passieren. Das war mein erstes Mal mit einem Mann.

Die Zeit danach war sehr schlimm für mich, denn er wollte
mich noch immer nicht. Mit mir zusammen sein wollte er
nicht, und in der Öffentlichkeit schien es ihm peinlich zu sein
mich überhaupt zu kennen. Ich rannte ihm auch nach wie ein
bedürftiges Kind, das sich nach Liebe sehnt, die er mir niemals geben würde. Leider wusste ich absolut nichts darüber,
wie ich den Mann wirklich halten kann. Meine Macht war Sex,
denn das war alles was ich kannte, um diesen Mann zu bekommen. Ich dachte nun hätte ich ihn endlich für mich ge-
wonnen, weil er mit mir geschlafen hatte nach so langer Zeit.
Wenn wir allein waren, hatte er mir sogar den lieben Menschen gezeigt, der er sein konnte. Ich hatte mir eingebildet,
dass er es ernst meinte. Doch er machte sich auf einer Feier
kurz danach darüber lustig, dass er mit mir geschlafen hatte.
Ich erfuhr es von anderen, weil er es scheinbar überall herum-
erzählte. Die Kränkung saß tief und ich war traurig. Ein paar
Leute meinten es gut mit mir und versuchten mir andere
Männer zu schicken, sodass ich ihn vielleicht vergessen

würde. Es war klar, dass mich Einige von diesem Mann weglocken wollten, was ich sehr zu schätzen wusste. Aber mein Herz wollte immer wieder zu ihm, egal welcher Mann mal kurz dazwischenkam. Diese Versuche hatten dann auch andere Männer verletzt, die es ernst mit mir meinten. Niemand verstand, warum ich zu diesem Arsch zurückwollte. Offengesagt, ich auch nicht. Er zog mich immer wieder kurz an sich heran, um mir Hoffnungen zu machen, dann ließ er mich fallen und war mies zu mir. Ich weinte regelmäßig auf der Toilette unserer Stammkneipe, sah zu wie er sich an andere Mädels heranmachte und auch ein Verhältnis mit ihnen hatte und war hilflos und verzweifelt. Um seine Aufmerksamkeit zu bekommen ergriff ich sehr energisch Maßnahmen, die viele Menschen verwirrten. Ich ging bis zum Äußersten, weil ich aus meinem Drama allein einfach nicht mehr herauskam. Meinen Freundinnen ging ich nur noch auf die Nerven, denn alle Ratschläge von ihnen prallten an mir ab und ich weinte bitterlich. Wenn er aber wieder Lust auf Sex hatte, empfing ich ihn mit offenen Armen, weil ich dachte, er wollte mich. Wer hätte mir beibringen sollen, dass ich mich hätte komplett zurückziehen müssen, um Aufmerksamkeit zu bekommen. Diese weiblichen Techniken waren mir fremd, weil ich doch noch so unerfahren und naiv war. Nur die Erfahrung konnte mich das lehren, was ich aber bis dahin nicht zuließ. Jeder sah meinen Untergang und sie konnten nichts tun. Ich wollte die harte Tour und ich bekam sie. Was genau wollte ich denn von ihm? Und was fand ich so toll an ihm? Ich verstand es selbst nicht. Ich dachte damals, dass ich ihn liebte. Heute weiß ich, dass ich einfach nur gestört war. Es gab keine logische Erklärung für meine Zuneigung zu ihm, es war psychische Selbstsabotage. Ich dachte ich gebe ihm einfach solange was er wollte, bis er endlich zu mir stehen würde. Ich hätte mich ihm damals niemals verweigern können,

Er wusste was er tat. So viele Leute sagten ihm, dass er mich auf diese Weise für die Männerwelt zerstören wird, weil ich ein junges, naives, unschuldiges Mädchen war, welches gerade die ersten Erfahrungen mit Gefühlen, Liebe und Sex machte. Und er war im Begriff, mich schon von Anfang an für die Zukunft kaputt zu machen. Und das tat er. Es stellte sich mein Leben lang heraus, dass es ihm gelungen ist. Erst mit 37 Jahren fiel mir auf, wie sehr er mich prägte für die Beziehungen, die ich mit Männern in der Vergangenheit hatte. Ich konnte nie abschließen mit dem was mir passierte. Machte mir Vorwürfe, weil es meine eigene Schuld war. Wie konnte ich so dumm sein und nichts ändern, nichts daraus lernen?

Ein unschuldiges Mädchen, dass einfach nur geliebt werden wollte, wurde ausgenutzt ohne Gnade. Ein Teil von mir wurde für immer gestört und für die Männerwelt verdorben. Ich hatte nie gelernt was Zurückhaltung bedeuten könnte, oder Abweisung. Ich war bedürftig nach der Liebe, die ich von einem Mann niemals bekommen sollte. Wie sollte ich da herauskommen? Indem ich einen neuen Mann kennen lernte, das wäre das Beste gewesen, doch es kam noch ein Arschtritt dazu, der mir dann für mehrere Jahre endgültig den Rest gab. Seine Exfreundin vor meiner Zeit kam plötzlich öfter in unsere Nähe. Ich trieb dieses Drama mit ihm noch 2 Jahre, bevor ich abgeschossen wurde. Von heute auf morgen war er wieder mit seiner Ex zusammen und ich existierte nicht mehr, als wäre ich die paar Jahre Dreck gewesen. Ich kam mir vor wie ein Stück Kot, das beseitigt wurde. Und ich dachte, dass ich ihn so sehr liebte, dass ich daran sterben würde. Ich fühlte mich verloren, hässlich, abgewiesen, ohne Wert oder Sinn im Leben.

Dementsprechend machte ich ein furchtbares Drama, eine Szene in einem Tränenmehr und bettelte ihn an. Seine neue alte Freundin lachte mich aus, so wie er innerlich auch. Ich schämte mich jahrelang für mein Verhalten, die ganzen Jahre, die ich ihm nachlief wie ein Hündchen, wo er so ein Arschloch war. Ich sah seine Freundin und fühlte mich noch schlechter, weil sie so ziemlich die hässlichste Frau war, die ich je gesehen hatte. Irgendetwas musste sie haben, was mir fehlte. War ich so hässlich? Nein, aber ich war dumm und unreif. Ich spielte mit den falschen Waffen und das wurde mein Verhängnis. Niemand sah meine Verzweiflung, dass ich das Problem gar nicht erkannte. Sie lachten mich aus. Heute verstehe ich das. Was hätten sie tun sollen? Niemand konnte mir dort heraushelfen. Ich musste nun in meiner selbst erschaffene Hölle irgendwie leben oder lernen, was ich ändern sollte.

Meine Nerven lagen blank und ich war noch am Anfang meiner ersten Ausbildung. Als Erzieherin wollte ich später studieren oder ähnliches im sozialen Bereich machen. Ich hatte Talent im Thema Psychologie, Hilfe für andere zu geben, aber ich hatte zu viele Probleme mit mir selbst. Vor allem hatte ich nur Männer im Kopf, mit denen es nie funktionierte, die mich nie wollten und das machte mich fertig. Auf die Schule konzentrieren war eine Herausforderung.

Ich verlor also einen Mann, für den ich bloß ein Lückenbüßer war. Wie konnte ich das nur zulassen? Ich hätte ihm den Laufpass geben müssen, doch so war das Drama perfekt. Tiefer konnte ich nicht mehr fallen.

Es war mir alles egal. Ich suchte nach Antworten und bekam sie nicht. Auf diese Weise verlor ich meinen Stolz, mein Selbstbewusstsein, meinen Selbstwert, den Glauben an mich, an die Liebe und ich war für Jahre verschwunden. Mir wurde klar, was ich mit mir selbst angerichtet hatte. So ein harter Schlag war für mich nicht zu verkraften. Ich war so jung und schon völlig kaputt. Ich gab mir die Schuld, fragte mich jahrelang was ich falsch gemacht hatte und was ich hätte ändern müssen. Mein Leben war vorerst nicht mehr besonders schön und meine Probleme häuften sich dadurch stark. Auch die Ausbildung hatte ich nicht bestanden, was aber nicht nur an meiner Trauer lag, sondern auch an meiner Unlust. Dieser Beruf war nichts für mich und ich hatte auch keine Träume mehr, da ich die Liebe zu mir selbst verlor. Wie konnte ich nur so dumm sein? Ich ließ mich einfach von meinen Emotionen

lenken. Nachdem ich wochenlang über meinen Verlust
weinte, entschied ich eine Freundschaft mit ihm zu versuchen.
Warum? Weiß kein Mensch. Wollte ich wieder an ihn heran?
Nein, denn ich akzeptierte die Situation und war froh mit der
Zeit, dass ich so nicht mehr sein musste. Die Einsicht, dass er
nicht gut für mich war kam spät, aber ich lernte, dass seine
Abwesenheit besser für mich war. Er versuchte tatsächlich
noch einmal bei mir zu landen, als er mit seiner Freundin
Streit hatte. Das gefiel mir zwar, denn ich fühlte mich kurzfris-
tig wieder gewollt. Doch ich ließ ihn zum ersten Mal abblit-
zen. Ich verstand, dass ich wieder nur Sex für ihn bin und genau das wollte ich einfach nicht mehr sein. Er hätte mich
wieder flachgelegt und wäre dann wieder zu ihr. Alles was
ich mir nur noch dachte war, dass ich den Stress nicht mehr
brauchte. Das Problem, dass er offenbar nicht einmal sonderlich treu war in einem Streit, hatte jetzt seine Freundin. Irgendwie war ich nun erleichtert, dass ich verstand wie
schlecht dieser Mensch für mich war. Dieses Gift wurde ich
schnell los, aber mit bleibenden Schäden für immer, wie sich
herausstellte.

Als ich Mitte 30 war, trafen wir uns durch Zufall, weil ich wissen wollte was passieren und wie er auf mich reagieren
würde. Tatsächlich konnten wir uns gut unterhalten, auch
über diese Geschichte. Er verstand nicht, warum es für mich
so schlimm war und warum ich unglücklich war zu der Zeit.
Ich war sprachlos. Er meinte, dass er die Zeit mit mir nicht
missen möchte und dass es doch schön war. Natürlich war es
das, er bekam ja immer alles von mir, was er wollte. Dass ich
litt, war ihm anscheinend nie bewusst. Mehr wollte ich nicht
wissen und ließ es damit gut sein. Ich hoffte immer auf eine
Freundschaft, damit sich alle einfach nur gut verstehen, doch
das war nie mehr möglich, was sich einige Jahre später wieder
deutlich zeigte und mir das Schönste zerstörte, die ich jemals
hatte. Es gibt Menschen, die mir immer alles zerstören werden, weil ich es zulasse. Es ist mein Kopf und meine Einstellung, daher musste ich sehr schmerzhaft lernen, so weit wie

möglich von ihnen weg zu bleiben. Dass sie mich nicht mögen, kann ich heute verstehen. Menschen ändern sich, andere wiederum nicht. Meine Wenigkeit hatte sich über die Jahre stark entwickelt und ich war froh anders zu sein. Was zusammengehört, findet auch zusammen, und das traf auch bei ihnen zu.

Ich musste nun meinen Stolz zurückbekommen und lernen, was ich in Zukunft anders machen musste und wie ich von diesem traumatischen Erlebnis geheilt werde. Es lag an mir. War ich dazu fähig?

Meine Bühne war nun ohne Publikum. Die Scheinwerfer erloschen und es war dunkel. Niemand mehr da, der mich bewunderte, keine Verehrer mehr, nur noch ein Loch aus Frust und Scham.

Ich suchte mir aber eine neue Bühne, denn ich wollte immer schon tanzen. Die Schautanzgruppe an Fasching tat mir sehr gut und ich war stolz auf der Bühne zu stehen, und es war real. Es war keine Seifenblase voller Träume, die zerplatzte, es war real. Ich brauchte wieder Bewunderung und bekam neue Freunde, mit denen ich viele Partys und Gefühle erlebte. Die berauschende Zeit kam, doch mit Männern war kein Land mehr in Sicht. Ein Drama nach dem nächsten.

Von allen Menschen, die ich kennen lernte und die mir wehtaten, auch wenn ich es oft selbst schuld war, ist dieser Mann der Einzige, dem ich nie verzeihen werde, was er mir antat. Denn nicht nur, dass er auf mich geschissen hatte, sondern dass er nie einsah welche Folgen es für mich hatte. Er konnte damit leben und es kam niemals eine Entschuldigung. Wofür auch? Es lag ja an mir. Dass ich nicht in der Lage war ihn abzulehnen, nahm er als Vorteil und wies alle Schuld von sich. Ich könnte nicht damit leben, einen Menschen in seinen Gefühlen derart auszunutzen und zu zerstören, um Sex zu bekommen.

War ich froh, dass er weg war. Die darauffolgenden Jahre war ich fast schadenfroh. Ich lebte mein Leben und begann eine neue Ausbildung. Die Clique lebte sich auseinander und jeder ging eigene Wege. Was solls, denn ich hatte neue Wege und neue Freunde. Ob ich diesen Mann wirklich liebte, erforschte ich Jahre später. Es stellte sich heraus, nein. Ich hatte ein Kindheits- Trauma, was ich leider mit ihm verbunden hatte. Drang und Sehnsucht nach Liebe von einem Mann, was mich emotional abhängig machte. Das Gehirn setzte aus und ich war ein völlig anderer Mensch in meiner Trauer. Heute schäme ich mich dafür, doch damals war es aber die Hölle.

Ein anständiger Mann hätte sich anders verhalten. Er hätte zwar Drama auf sich genommen, aber er hätte sich von mir lösen müssen, damit ich positive Erfahrungen hätte machen können. Das hätte mich gerettet. Aber ein Arschloch verzichtet nicht auf Sex. Er behauptete, er hätte mich gerngehabt, aber so verhält sich niemand, wenn ein Mensch einem irgendetwas bedeutet. Ich war Sex für ihn, mehr nicht.

Und trotzdem, ich gebe mir selbst die Schuld daran. Weil ich noch immer heile.

Kapitel 5:

Der Elefant und andere Gestalten

Die Zeit meiner ersten Tragödie war sehr anstrengend für mich und mein Umfeld, denn ich war sichtlich zerstört und reagierte dementsprechend böse auf Männer. Doch es kam die Wende. Ich hatte zwar nichts gelernt, mich aber trotzdem entwickelt. Ich war nicht mehr schüchtern, sondern offensiv geworden. Leider etwas zu offensiv und das machte vielen Männern wohl Angst.

Während der Zeit in der Schautanzgruppe lernte ich nicht nur neue Freunde, sondern auch neue Männer kennen. Das Drama spitzte sich zu, weil ich immer wieder gerade die Männer-wollte, die nicht gut für mich waren. Das Gute daran war, ich bekam sie nicht, außer für einen Nacht. Ich drehte den Spieß um und nahm mir was ich brauchte und ging zum nächsten Mann über. Es würde mich doch sowieso keiner wollen außer für Sex, das lernte ich ja schmerzlich. Kein Selbstwert mehr, warum auch?

Es gab einen jungen Mann, der mir gefiel. Er war etwas jünger als ich und ich wollte ihm nahe sein. Ich wusste nichts von ihm, außer, dass er Fußball spielte und wo er am Wochenende zu finden war durch Freunde. Es war nur optisches Interesse, da er nicht besonders gesprächig war. Ab und zu trat ich selbstbewusst ihm gegenüber auf und lächelte ihn an. Doch er zeigte mir die kalte Schulter und ich dachte er hasste mich. Dabei war er nur schüchtern. Ich konnte seine Aufmerksamkeit ab und zu bekommen, allerdings wollte ich ihn mit anderen Männern eifersüchtig machen, was selbstverständlich nach hinten losging.

An Fasching war er als Elefant verkleidet und ich hatte die pure Verwirrung im Kopf. Viel zu vielen Männer und Hormone. Mir gefielen mehrere und ich verlor die Kontrolle im Alkohol. Ein anderer Mann, den ich toll fand, war anwesend und ich versuchte alles, um auch an ihn heran zu kommen. Und zum Dritten war da noch ein gutaussehender Südländer, der mich reizte.

Ich hatte also an diesem Abend 3 Männer im Gepäck und wusste nicht wo ich anfangen sollte.

Der Elefant

Der Südländer

Die andere Gestalt

Ich sah toll aus, denn unser Schautanz war ein Erfolg und ich liebte das schwarze Pailletten Kleid mit der blonden Barbie Perücke. Auch die Männer konnte ich damit verrückt machen, was mir wieder zum Verhängnis wurde. Auf der Bühne im Rampenlicht stand ich nun und tanzte, vor allem später auf der Party im Mittelpunkt von 3 Männern. Ich konnte viele Fotos machen und erinnere mich gerne daran, doch es war das blanke Chaos. Irgendwie wollte mich natürlich die eine Gestalt nicht, der auch völlig betrunken war. Also versuchte ich dem Elefanten aufzufallen, während auch ich immer betrunkener wurde. Auch er zeigte kein Interesse an meinem aufdringlichen Flirtversuchen. Das frustrierte mich nun alles so sehr, dass ich nach draußen ging, um Luft zu schnappen. Plötzlich kam der Südländer und führte mich an einen ruhigen Ort, wo wir uns näherkamen. Leider war ich des Alkoholpegels wegen nicht mehr im Stande, mich zu wehren. Der Südländer nutzte es gnadenlos aus. Doch sein Gewissen stoppte ihn, als ich anfing zu weinen und säuselte: „Der Elefant, der Elefant". Er hatte keine Ahnung was mit mir los war und ich wollte doch nur den Elefanten. Er konnte mich nicht weinen sehen und beruhigte mich. Ich sprach sarkastische Dinge und er musste lachen, weil ich so betrunken war. Ich saß auf seinem Schoß und er gab mir seine Jacke, damit ich nicht fror. Er beschloss, mich in ein Taxi nachhause zu setzen. Ich war ihm dankbar, denn ich war fertig für diesen Abend. Als er die Tür des Taxis öffnete, saß die andere Gestalt dort drinnen. Ich dachte ganz klar, das wird gruselig. Also gut, ich wollte ja nur nachhause. Die Gestalt zeigte mir deutlich den Finger und betonte, dass er nicht mit mir nachhause kommen würde, damit das klar war. Ich schaute ihn an und dachte nur: „Was zur Hölle habe ich verbrochen?" Nebenbei fiel mir auf, dass ich keine Unterhose mehr unter meinem Kleid trug, diese ging verloren beim Südländer. Und auch meine Tasche war nicht bei mir. Jetzt war das Drama groß, denn das Taxi musste zurück. All meine Wertsachen waren in meiner Tasche und ich war erstaunt als ich zurückkam, war niemand mehr da. Trotzdem durfte ich noch einmal herein und dort stand die Tasche einsam und alleine, ohne dass etwas fehlte, Glück gehabt. Draußen fiel mir dann auf, Taxi weg. Also ging ich betrunken den langen Weg zu meinem Auto, halb erfroren, und fuhr nachhause. Ich schaffte es tatsächlich ohne Probleme und kam gerade noch zur Haustür herein, um auf der Treppe einzuschlafen. Das war der schlimmste Morgen meines Lebens, denn einen Kater dieser Art hatte ich Gott sei Dank nie wieder. Ich hatte den ganzen Tag Kopfschmerzen und musste mich erbrechen. Was hatte ich denn getan? Ich wusste noch alles und dachte daran, wo wohl meine Unterhose gelandet war und ob sie gefunden wurde. Keine Ahnung ob ich das alles lustig oder traurig fand, auf jeden Fall lachten wir unter Freunden noch jahrelang darüber.

Die andere Gestalt beschwerte sich tatsächlich noch bei einer Freundin von mir, dass er das ganze Taxi allein bezahlen musste und war stink sauer. Es gab nie wieder ein Gespräch oder Versöhnung, denn er hasste mich. Ich glaube er hielt mich für die größte Schlampe. Dabei wollte ich ihm nur zeigen, dass er mir egal ist, nachdem er nach einer gemeinsamen Nacht offenbarte, es wäre nur ein one night stand gewesen, mehr nicht.

Ich konnte also insgesamt wirklich froh sein, dass mir nichts geschehen war, weil ich trotz dieser Geschichten noch immer ein unfassbares Glück hatte. Und so ging das auch weiter.

Ich wurde von der Polizei schon ein paar Mal betrunken mit dem Auto angehalten und mir war nichts passiert. Mit Alkohol konnte ich plötzlich lügen, was mir nüchtern niemals gelingen würde. Mein Drama war wieder bühnenreif und ich spielte den Polizisten ein Schauspiel der Extraklasse vor. Ich begann zu weinen und dass ich Liebeskummer hätte, während ich mich am Auto festhalten musste um nicht umzufallen. Sie glaubten mir und ließen mich weiterfahren. So viel zum Thema Glück im Unglück. Niemand schaffte es jemals, mir meine Autoschlüssel zu entwenden, wenn ich betrunken war, denn ich wurde zum Biest.

Komischer Weise hatte ich kein Glück mit Männern, aber tatsächlich wusste ich genau, dass mir sonst niemals etwas Schlimmes geschehen würde. Egal um was es ging, ich war behütet von meinem unerschütterten Wesen. Nichts machte mir Angst seit diesen Jahren. Ich traute mich oft zu viel, sodass Freundinnen Angst um mich hatten, weil ich mit Männern ein Risiko einging. Ich lebte gefährlich und wurde auch fast von diesem Südländer und seinem Freund vergewaltigt. Anscheinend brauchte ich die Gefahr und das Adrenalin, um mich noch schlechter zu fühlen.

In meinen 20er Jahren war ich also mehr als übermütig und versaute mir mein Ansehen, weil ich mental einfach zerstört war. So würde ich niemals Liebe und eine Beziehung finden und ich wusste auch nicht, ob ich das wollte, denn Männer waren für mich nicht wirklich brauchbar. Sie wollten mich nicht und in meinem Kopf brannte sich fest, dass ich nur körperlich Interessant war. Gab es überhaupt noch Männer, die es ernst mit mir meinten? Wenn ja, ich sah sie nicht mehr. Und ich verstand auch nicht, warum.

Es ging steil bergab mit meiner Würde. Ja, ich hatte mich eben ausprobiert und meinen Spaß gehabt, aber körperlich gesehen hatte ich nicht einmal Spaß. Es war jedes Mal derart langweilig und ohne persönlichen Wert, dass ich froh war, wenn der Mann wieder weg war.

Ich kannte also leider das Schöne mit einem Mann nicht. Weder Liebe, noch körperliche Zuneigung oder Spaß konnte ich erfahren. Ich gab es auf und ließ einfach mal alles sein. Nachdem ich dann noch mit einem Mann aus Albanien zusammen war, der vorrübergehend im Saarland war, hatte ich endgültig jeden Stolz verloren. Das war ein Mann, der mich wollte und auch nebenbei andere Frauen auf dem Erdball an der Nase herumführte. Mir unterstellte er, dass ich fremdging, warum auch immer. Dieser Mensch war ein kranker Mistkerl, den ich hasste, als er weg war. Ich blockierte alles von ihm, damit er mich nie mehr kontaktieren konnte. Er hielt sich für einen „Rapper" und hatte ein Musikvideo. Doch menschlich war er nicht. Er gründete seine Familie mit einer Albanerin, wie es sich gehörte.

Was war los mit mir? Warum verkaufte ich mich immer so stark unter meinem Wert? Des Weiteren musste ich immer dabei zuschauen, wie die Männer, die ich wollte, eher auf meine Freundinnen flogen. Ich war nicht mehr interessant, nur noch die gute Freundin. Sie waren hübscher und besser als ich. Egal was ich tat, ich war immer unzufrieden und ungewollt. Ich verstand es natürlich nicht und fragte mich, wie lange ich das alles noch aushalten würde.

Ich hatte nun meine 2. Ausbildung als Zahnarzthelferin, während dieser ich wieder einmal in der Schule gemobbt wurde. Es kam mir bekannt vor, wegen einer hinterlistigen Freundin plötzlich von anderen gemobbt zu werden. Dasselbe Spiel wie damals in der Schule. Ich zog diese falschen Leute an wie ein Magnet. Doch diese Ausbildung funktionierte, weil sie im Gegensatz zur Erzieherin einfach war und ich bloß eine Lehre in der Tasche haben wollte, egal was. Danach konnte ich noch immer in eine andere Richtung gehen. Dieser Beruf war nicht besonders schön und auch schlecht bezahlt. Leider konnte ich es gut und fand immer eine Stelle. Das war ein Stück Sicherheit, hielt aber nirgendwo lange an. Ich geriet an Choleriker und Biester als Chefs und hatte die Schnauze schnell voll. Das musste ich mir für das Geld nicht antun und war schnell fertig. Wo sich andere jahrelang ungerecht behandeln lassen, war ich anders. Ich hatte keine Angst und würde es immer wieder genau so tun, denn ich bereute nichts.

Es gab noch andere Männer, zu denen ich eine Freundschaft aufbaute, oder eine kurze Affäre hatte, bis ich auch davon genug hatte, denn es erfüllte mich einfach nicht. Es langweilte mich mit Männern einfach alles. Wer es ernst meinte, der interessierte mich nicht, und wen ich wollte, der wollte mich nicht. Der rote Faden blieb konstant und ich verzweifelte daran. Bekanntschaften von der Bundeswehr mit unvergesslichen Momenten, über die wir heute noch lachen. Der asiatische Garten war der Ort des Grauens für die armen Jungs. Die vielen Partys mit meinem besten Kumpel zu einer Zeit, als wir uns freundschaftlich sehr guttaten. Diese Zeit werde ich nie vergessen, weil wir viel unterwegs waren und lachten. Ich lernte seine Freunde kennen und zog die nächsten Dramen an. Männer über Männer. Es war aufregend und unterhaltsam, aber auch anstrengend und oft traurig und dumm. Die ganz normalen Erfahrungen, die ein Jeder wohl auf seine Art und Weise macht.

Daraus lernen sollte ich auf jeden Fall, doch das war schwierig, wie sich später zeigen sollte. Für mich war die Lage aussichtslos, und es lag nicht an mir, sondern an den Männern. Sie waren einfach scheiße, mehr wusste ich nicht.

Ich litt sehr unter den Umständen und sah kein Land. Beruflich und mit Männern war alles Mist und Besserung war nicht in Aussicht. Zuhause hatte ich auch Probleme und wurde aus dem Haus gejagt. So vieles sprach gegen mich und ich bot allen Problemen meine Stirn, denn ich hatte Freunde, auf die ich zählen konnte. Freunde, denen ich nicht zu anstrengend war, trotz meiner Tränen über Männer. Mobbing, emotionaler Missbrauch von einem nahestehenden Narzissten, die falschen Männer, viele falsche Freundinnen, berufliche Fehlschläge und falsche Entscheidungen. Das war mein Leben.

Ich biss mich durch und überlegte irgendwann, was ich ändern könnte. Je mehr auf mich getreten wurde, desto schlimmer wurde für mich alles und ich war so wenig selbstbewusst, dass ich daran kaputt ging. Ich war nicht stark, ich hielt einfach nur durch. Viele sagten mir, wie stark ich wäre, ich sah mich aber nur als schwach und sehr schlecht im Spiegel. Ich sabotierte mich, so wie es andere auch taten. Wie konnte ich das nur zulassen?

Kapitel 6:

Der Internet Fake

Als ich dachte, das Schlimmste mit Männern hätte ich hinter mir, kam selbstverständlich die nächste Katastrophe. Das Rampenlicht meiner Bühne war wieder im Einsatz, denn ich kam in den Mittelpunkt der Aufmerksamkeit eines Mannes, der wahrscheinlich nie existierte.

Ich beschloss im Jahr 2016, aus meinem Beruf heraus zu gehen, weil ich betrogen und schlecht behandelt wurde. Ich hatte 2 Jahre in einer Praxis gearbeitet, in der ich mich endlich wohl fühlte und Fortbildungen machen konnte. Ich hatte in meinen Arbeitskolleginnen Freundinnen gefunden und war zufrieden. Doch das Geld war einfach immer zu wenig und ich putze sogar in dieser Praxis, um zusätzlich Geld zu verdienen. Aber es nutzte alles nichts, ich wurde mit Geld betrogen. Ich wollte dort nicht weg, aber sah keine andere Möglichkeit. Das Geld konnte ich mir mit Hilfe eines Anwalts einfordern. Die Freundschaften mit den Arbeitskolleginnen verlor ich nach einiger Zeit, worüber ich sehr traurig war. Ich tat das Richtige für mich, musste aber Verluste ertragen. So ist das Leben manchmal.

So wurde mir 2016 ein Unternehmen präsentiert, in dem ich mehr Geld verdienen sollte. Es war schwierig, doch ich konnte dort starten. Die anfängliche Zeit war übel, ich war abends platt, da die Arbeit sehr körperlich war. Doch ich begann mich daran zu gewöhnen und wurde körperlich fit. Das Gehalt war auch sehr viel besser. In diesem Jahr nutze ich ein online Dating Portal, welches nicht sonderlich seriös war. Auf dieser Plattform lernte ich einen Mann kennen, wenn es denn einer war, der mich umwarb. Er überschüttete mich mit Komplimenten und war auf seinem Foto mehr als gutaussehend. Wir hatten viel Kontakt und schrieben regelmäßig. Darüber lernten wir uns kennen, jedoch gab er wenig von sich preis. Das Schreiben war ab und zu privater Natur, jedoch lief es mehr auf das körperliche hinaus. Wenn ich etwas begann zu hassen, waren es Männer, die schon die erste Frage stellen, ohne die Frau zu kenne: „Was gefällt dir denn so im Bett?" Ich hasste es. Was sollte der Quatsch immer? Doch ich dachte mir, es war einfach so, Männer sind so. Also ließ ich mich einmal darauf ein, ganz unvoreingenommen. Mein Bauchgefühl hatte Recht, ich hätte es sein lassen sollen. Das Gespräch wurde nur noch körperlich und wir heizten uns gegenseitig an. Er schrieb auch mit anderen Mädels und ich wurde eifersüchtig. Warum wollte er sich denn nie mit mir treffen?

Hier wurde es nach 6 Monaten komisch. Er wehrte sich enorm gegen ein persönliches Treffen. Ich wurde traurig darüber und auch leicht hysterisch. Wollte er mich nun oder nicht? Meine Freunde sagten mir, dass da etwas nicht stimmen kann, denn sein Name war schon ungewöhnlich und sein Foto unrealistisch schön. Aber ich dachte ich hätte endlich einmal Glück. Warum? Weil er gut aussah und mich wollte. Aber wie? Was hatte ich mir eigentlich vorgestellt, wenn er echt war? Nun ja, erst einmal musste er auch echt sein. Als ich ihn so stark bedrängte, dass wir uns doch endlich treffen sollten, konnte ich meine Verzweiflung darüber ihm gegenüber nicht mehr verbergen. Ich gewöhnte mich doch in 6 Monaten an ihn und wollte das, was ich sah und von ihm kannte. Er bemerkte meine Anhänglichkeit und verschwand.

Ich konnte ihn am nächsten Tag ohne Antwort nicht mehr auffinden. Auf keiner Plattform waren Spuren. Ich bekam Schnappatmung auf der Arbeit und kontaktierte meine Freundin. Sie sollte ihn überall suchen, doch auch sie fand ihn nicht mehr. Ich war ein Häufchen Elend und am Boden zerstört. Ich weine dramatisch und war hysterisch, als hätte ich mein Leben verloren. Meine arme Freundin bekam das Drama in meiner Stimme und mein Chaos ab. Was war bloß falsch mit mir? Eines war klar, ich wünschte mir etwas so sehr, dass ich mich abhängig davon machte. Und wenn ich das dann verlor, war ich am Ende. Ein Mann, der mich erst vergötterte und dann einfach ohne Worte verschwand.

Wer weiß, ob dieser Mann, dieser „Fake" echt war. Vielleicht war es ein alter Mann, der sich aufgeilen wollte, oder schlimmeres. Ich würde es nie erfahren und war geschockt. Ich kam mir so dumm vor und wurde sauer. Das würde mir nie mehr passieren.

Eines war klar, ich war sehr empfindsam und nahm vieles sehr persönlich und zu nah an mich heran. Ich machte mir sehr viel aus Situationen, die andere mit einem Lächeln abtun. Definitiv Übungssache, das zu ändern. Allein um Frieden mit mir und den Männern zu finden. Ich wollte mich nicht mehr aufregen. Doch genau wegen diesen Erfahrungen, die das Schicksal mir immer wieder gab, sollte ich Lektionen nicht nur lernen, sondern auch umsetzen. Ob es mir zukünftig gelang? Denn ich brauchte auf jeden Fall länger als so manch andere.

Kapitel 7:

Die erste Beziehung

In jungen Jahren hatte ich das ein oder andere Mal einen „Freund", doch das war nicht wirklich ernst oder dauerhaft. Es waren erste Versuche ohne Erfolg und auch nie besonders lange. Über wenige Wochen kam es nie hinaus.

Im Jahr 2017 wechselte ich meine Arbeitsstelle in einen Bereich des Unternehmens, wo ich meine 2. Familie bekam. Es lief beruflich so gut, dass ich überglücklich war. Eine tolle Atmosphäre, eigenständiges Arbeiten und Spaß. Ich wurde ein ganz neuer Mensch, denn aus meiner Angst entwickelte ich Superkräfte. Ich war immer recht still und ängstlich, trotz meinem selbstbewussten Auftreten nach außen. Doch hier drehte ich meine Persönlichkeit um 180 Grad. Ich wurde fröhlich, laut und frech, neckte mit den Leuten und war nicht mehr zurückhaltend, sondern locker, offen, frei und lernte Sprüche aus Spaß, die ich früher niemals gesagt hätte. Ich sprudelte vor Optimismus und war nun so stark, dass ich mir dachte: „Jetzt verarsche ich mal den nächsten Mann im Internet".

So lernte ich einen Mann auf derselben Plattform kennen, wie beim letzten Mal. Er war unscheinbar und gefiel mir nicht auf den Fotos, das war mein Opfer. Genauso schnell wie der Mann davor, machte er mir Komplimente. Doch er wollte sich tatsächlich schnell treffen, nachdem wir ein paar Gemeinsamkeiten austauschten. Ich fühlte mich gut und war sicher, dass ich ihn verarschen werde. Wir trafen uns im Mai 2017 nach ein paar Wochen Schreibkontakt und ich war zufrieden mit ihm. Mein Leben passte gerade perfekt, denn ich hatte gerade den perfekten Job, der mich erfüllte.

Ich sah klasse aus, weil der Job mich körperlich formte und ich vor Selbstbewusstsein strotzte. Ich lebte in meiner ersten eigenen Wohnung und liebte mein Leben.

Nachdem wir uns beim ersten Treffen unterhielten und verabschiedeten, zog er mich an sich und küsste mich. Das war so nicht geplant, verdammt. Und dann passierte wieder etwas in meinem Kopf. Die Sehnsucht nach einem Mann, der mich bewundert war plötzlich größer geworden als die Absicht, ihn verarschen zu wollen. Und das nur durch einen Kuss. Er musste ins Fußball Training und wir verblieben. Es dauerte nicht lange, bis er sich meldete, dass er nach seinem Training zu mir kommen wollte. Mir war klar, was er wollte. Als er tatsächlich noch am selben Tag den weiten Weg wieder zu mir kam, bemerkte ich schnell seine Bedürftigkeit. Ich war bereit dazu, denn mehr würde er sowieso nicht wollen. Es fühlte sich gut an und versuchte ihn zu verführen. Er lehnte es ab. Ich verstand die Welt nicht mehr und fühlte mich abgewiesen. Zu meinem Entsetzen fand er es lustig, dass ich sauer darüber war. Na gut, wenn er mich dann doch nicht wollte, sollte er doch gehen. Seine Worte waren merkwürdig und für mich sehr unlogisch. Er sagte, dass er beim ersten Treffen nicht sofort mir schlafen könne, das wäre unangebracht, denn er meinte es doch ernst und wollte das nicht so beginnen lassen.

Dummes Gespräch, dachte ich mir und war sicher, er würde sich nie mehr melden. Als er mir schrieb, dass er keine andere will und von mir beeindruckt ist, überlegte ich, was dahintersteckte. Warum schlief er nicht mit mir, wenn er doch so scharf auf mich war? Er wollte es langsam angehen, sowas hatte ich noch nie gehört. Und er meldete sich immer wieder, wollte mich sehen, und beim 2. Treffen passierte es dann doch. Langsam ging wohl anders, aber ich kannte es nur so. Wenn er mich wollte, sollte er es körperlich zeigen. Es war das erste Mal, dass Sex für mich schön war. Er behandelte mich ganz anders. All meine Pläne waren dahin, denn ich wollte das, was er mir deutlich körperlich gab. Es dauerte nicht lange, bis ich mich in das verliebte, was er mir an Gefühlen, Zärtlichkeiten und Aufmerksamkeit gab. Ich wurde süchtig danach. Ich fühlte mich gewollt, geliebt, wertgeschätzt und komplett. Für ihn war ich etwas Besonderes. Wir verbrachten täglich Zeit miteinander und es war natürlich anfangs sehr körperlich und intensiv. Als er mich das erste Mal nach einigen Wochen „Schatz" nannte, war ich glücklich, denn nun waren wir fest zusammen. Ich konnte ernsthaft sagen, dass ich in einer Beziehung war. Er stand zu mir, führte mich bei seinen Freunden vor und war stolz mich zu haben. Es war perfekt.

Bei ernsteren Gesprächen fiel mir auf, dass wir uns nicht besonders gut verstanden. Er war oft anderer Meinung, was allgemein nicht unbedenklich war, aber er hatte Arten, die mehr als komisch waren. Ich verstand ihn oft nicht und er war ständig betrunken. Er versprach mir Vieles, was er nicht einhielt und enttäuschte mich oft. Er trank lieber mit seinen Freunden, als sich für meine Interessen einmal offen zu zeigen. Er ließ mich oft ewig auf ihn warten und er log mich an, warum er mal zu spät kam. Es wurde klar, dass wir beide uns nur körperlich guttaten, aber zwischenmenschlich nicht. Außerdem hatten wir nur wenig zusammen unternommen. Er war eigentlich täglich bei mir, wir bestellten uns Essen und schauten fern. Im Anschluss gab es natürlich auch Sex, aber das war es schon. Ich fühlte mich begehrt und geliebt, weil das Körperliche einfach passte und sich schön anfühlte. Das kannte ich nicht. Wir hatten allerdings kaum etwas gemeinsam und schnell wurde deutlich, dass wir uns auch nichts zu erzählen hatten. Tiefgehende Gespräche, oder Ausflüge waren so selten, dass es langweilig erschien. Selbst wenn wir etwas unternahmen, war es recht kalt. Das heißt keine Zärtlichkeiten unter Menschen. Niemand hätte erkannt, dass wir ein Paar waren. Das hatte mir gefehlt.

Doch nun hatten wir uns stark aneinander gewöhnt und ich wollte daran arbeiten, damit die Beziehung funktionierte. Keine Beziehung war perfekt und Probleme sind unvermeidbar, doch wenn sich 2 Menschen lieben, sollten sie das doch schaffen. Mein Frust über seinen ständigen Alkoholkonsum wurde stärker. Ich wollte keinen Trinker, sondern einen Mann, mit dem ich mir eine Zukunft mit Familie aufbauen konnte. War das mit einem Fußballer nicht möglich? Das kam mir bekannt vor und meine Alarmglocken läuteten. Ich steckte tief drinnen. Mir wäre im Traum nicht eingefallen, mit ihm Schluss zu machen, denn ich liebte ihn doch. Es würde sich alles bessern mit der Zeit. Das reden sich viele gewöhnlich ein und müssen diese traurige Erfahrung machen. Der Streit vermehrte sich und wurde anstrengender, je öfter er mich enttäuschte. Anfangs war ich noch verständnisvoll und wollte ihm alles recht machen, aber irgendwann war es auch gut. Wir schafften es tatsächlich zu planen, dass wir zusammenziehen.

Ich war nun 2018 etwas unzufrieden mit meinem Job, weil ich nach 2 Jahren dort keinen Festvertrag bekam. Es stand mir rechtlich zu und so wurde ich sauer. Es lief doch so gut, musste mir das nun zerstört werden? Ich bekam Interesse an Kosmetik und Hautpflege, weil ich selbst trockene Haut hatte und daran arbeiten wollte. So wollte ich Nageldesign und Kosmetikerin lernen. Ich geriet an ein Unternehmen, das ich bis heute und für immer lieben werde. Ich startete im Juni 2018 dort und war sicher, damit erfolgreich zu werden. Also konnte ich den Job vernachlässigen und fing etwas Neues an, auf Selbstständigkeit. Ich verließ kurz darauf den sicheren Job und versuchte etwas anders zu erreichen.

Meine Beziehung litt unter meiner Entscheidung scheinbar sehr, denn mein Partner war nicht mehr so fröhlich in meiner Nähe, denn ich schlief morgens aus, während er zur Arbeit fuhr. Das war wohl nicht sein passendes Bild für seine gemeinsame Zukunft mit mir. Aber ich wusste, dass er mich liebte, also unterstützte er mich auch. Wir planten unsere gemeinsame Küche und ich suchte einen Job in der Nähe des Wohnortes, wo wir zusammenleben wollten. Nun waren wir 1 Jahr zusammen und ich wollte ihm zuliebe wieder ins Arbeitsleben zur Sicherheit und mir nebenbei mein Kosmetik Institut aufbauen. Er verhielt sich weiterhin merkwürdig und war etwas verschlossener als sonst. Er lehnte mich ab, als ich ihn in sexy Dessous überraschte. Da wusste ich, dass etwas nicht stimmte. Doch er wollte mir nichts sagen und belog mich, dass alles in Ordnung und er nur müde sei. Da ich vorher noch keine Erfahrung mit einer Beziehung hatte, beruhigte mich seine Ausrede erst einmal. Denn wenn er etwas auf dem Herzen hatte, würde er mit mir sprechen. Doch wir sprachen selten, also warum sollte er nun reden?

Im Vorstellungsgespräch der neuen Stelle saß ich nun und fragte ihn übers Handy, was denn in letzter Zeit los sei und warum er so anders war. Als er mit der Aussage kam, dass er zuhause mit mir sprechen wollte, bekam ich ernsthaft Angst. Ich wusste irgendwie was kam und durch meine Ungeduld wollte ich es sofort wissen.

Ich fragte ihn, ob er mich noch liebte und er antwortete: „nicht mehr so wie am Anfang". In mir brach sofort wieder Hysterie und Verzweiflung aus. In meiner Trauer dachte ich es wäre vorbei, wenn er mich doch nicht mehr liebte. Um Aufmerksamkeit zu bekommen, änderte ich auf social Media meinen Beziehungsstatus auf „Single" und seine Freunde kontaktierten ihn daraufhin. Das war sein Vorteil, denn nun konnte er sagen, ich hätte die Beziehung beendet und er war fein raus. Wie im Kindergarten verhielt ich mich und wollte ihm die Hölle heiß machen, warum er mir das schrieb bei meinem Vorstellungsgespräch. Er wusste nicht einmal mehr, dass ich dort war für uns und hatte längst eine Entscheidung getroffen. Er gab mir die Schuld für die Nachricht, weil ich es unbedingt wissen wollte. Der Streit schaukelte sich hoch und ich verlangte ein Gespräch.

Ich gab alles für diese Beziehung und er verließ mich. Bis es zu einem Gespräch kam, ließ er mich warten. Ich schrieb einen Brief von ca. 100 Seiten, um ihn zu überzeugen, bei mir zu bleiben. Ich bettelte und schrieb ihm flehende Nachrichten. Niemals durfte ich diesen Mann verlieren, die Liebe war doch so stark. Er sagte Dinge zu mir, die mir sehr wichtig waren. Dass er noch nie so verliebt und so glücklich mit einer Frau war. Was war ihm das alles denn noch wert? Es war deutlich. Die Phase am Anfang war die verliebte Phase, in der alles rosarot ist. Danach kam die Streit Phase, in der sich 2 richtig kennen lernen sollten und herausfanden, ob sie das alles so wollten. Er wollte es nicht. Das Schlimme war, es passte auch für mich nicht und ich sah es nicht ein. Denn ich wollte geliebt werden, koste was es wolle. Das alles kurz bevor wir zusammenwohnen wollten. Gut, dass es vorher zu Ende ging. Es wäre wohl dadurch noch schwerer geworden. Warum konnte ich es nicht sehen und beenden? Er hatte mich doch so unglücklich gemacht, obwohl ich mir Mühe gab.

In mir kamen schreckliche Gefühle auf und ich dachte wirklich, dieses Leben ist doch der falsche Film. Zum ersten Mal wollte mich ein Mann und meinte es ernst, denn er liebte mich. Warum verließ er mich denn nun? Warum wurde mir das angetan? Das war doch schlechter Scherz.

Mit allen Mitteln versuchte ich ihn wieder zu bekommen. Als er mir ein Gespräch gab, trafen wir uns und er sagte mir deutlich, dass er nicht an unsere Liebe glaubt, denn es würde nicht funktionieren. Daraufhin brach ich in Tränen aus und wurde hysterisch und rauschte davon mit meinen 100 Seiten Brief. Alles was ich ihm noch sagen wollte, es war dahin und nutzte nichts mehr. Ich hatte ihn verloren. Ich setzte mich auf eine Mauer und weinte vor mich hin. So tief war mein Kopf noch nie gesunken. Warum wollte ich ihn festhalten und bettelte wieder so ekelhaft an ihm? Ich wusste es nicht. Mir war nur eines klar, ich musste um diese Liebe kämpfen. Ich konnte den Kontakt zu ihm nicht ruhen lassen, weil ich ihn doch brauchte. Nichts hatte ich aus all den Vorgeschichten gelernt. Auch die Freundschaftsschiene versuchte ich bedauerlicher Weise. Meine Sabotage war auf ihrem Höhepunkt.

Das war der Moment, wo sich alles noch schlimmer entwickelte, weil ich einfach nichts lernte. Dass ein Mann per Text mit mir Schluss machte und einfach abhaute. Wenigstens ein oder zwei persönliche Gespräche bekam ich noch. In Würde Schluss machen war einfach nicht möglich, weil der Schmerz mich umbrachte. So viele Gefühle spielen eine Rolle, warum ich betteln musste und nicht loslassen konnte.

Ich lag zuhause im Bett für ein paar Monate und tat nichts mehr. Mir war alles egal, wirklich alles. Ich starrte an die Wand und weinte, hatte schlimme Gefühle und Gedanken, die mir mehr als schadeten. Ich stand nur auf, wenn ich zur Toilette musste oder Schokolade einkaufen musste. Um mich noch mehr zu zerstören, aß ich Schokolade in Unmengen, um meinen Kummer zu ersticken. Als mir nach wenigen Monaten das Geld ausging, dachte ich mir, dass ich wieder arbeiten gehen musste. Dabei stellte ich fest, dass meine Kleider alle zu eng waren. Und egal auf welcher Stelle ich es versuchte, ich war so empfindsam, dass ich bei Kleinigkeiten in Tränen ausbrach und alles wieder hinschmeißen musste. So kannte ich mich nicht und ich hatte größte Bedenken. Immer wieder Kontakt zu meinem Exfreund, in der Hoffnung, dass er zurückkommt und es quälte mich alles ungemein. Ich wollte nicht mehr leben,

warum auch? Meine Freunde rieten mir nun, einen Arzt aufzu-
suchen, woran ich selbst auch dachte. War nun alles vorbei und
ich ein Sozialfall?

Schnell wurde festgestellt, nachdem ich ein paar Mal öffentlich
zusammenbrach, dass ich eine schwere depressive Phase hatte.
Wegen eines Mannes? Ich schämte mich. Ich wurde ermutigt,
eine psychosomatische Rehabilitation zu versuchen. Es war in
der Tat ein guter Schritt, denn es ging mir danach mental wieder besser. Doch ich kam von meinem Ex nicht los und lernte
lediglich wieder am Leben teilzunehmen.
Es war einfach zu viele Themen aufgekommen für 5 Wochen
Reha. Das Problem, dass ich zuhause hatte, geriet in den Vordergrund. Der emotionale Missbrauch eines Narzissten wurde
ins Licht gerückt und damit musste ich mich auseinanderset-
zen. Es hing einfach zu viel Thematik aneinander, um alles zu
bearbeiten, was nötig gewesen wäre. Daher blieb ich danach
auch ambulant noch in Therapie und konnte beruflich und privat wieder für mich am Leben Spaß haben.

Während meines Aufenthaltes in der Reha Klinik lernte ich eine
junge Frau kennen, die meinen Ex auch noch kannte und fast
einmal traf, wenn sie nicht nein gesagt hätte. Zu dieser Zeit war
ich doch mit ihm zusammen und war geschockt. Er hätte mich
also mit ihr betrogen und ich musste diese Frau auch noch zu-
fällig in meiner Reha treffen, wo ich eigentlich heilen sollte.
Doch das war Schicksal, denn diese Nachricht brauchte ich. Es
war der Schock, der mich wachrütteln sollte. Ich sprach ihn darauf an und er leugnete es.

Ich sah meinen Ex noch einmal, 6 Monate später auf einem Fes-
tival, knutschend mit einer Frau. Was musste denn noch passieren? Wie viele Schocks brauchte ich noch? Doch es ist immer

der Zeitpunkt und Schock, der dir den Rest gibt, wenn du ihn mit einer neuen Frau siehst.

Noch immer hielt ich den Kontakt zu ihm, um ihn zurück zu bekommen, und er küsste schon eine andere Frau. Noch dazu versteckte er sich vor mir und grüßte mich nicht einmal. Ich machte ihm per Textnachricht eine Szene, wer die Frau denn sei und warum er sich so verhält. Es war die neue Freundin. Sie waren schon 2 Monate nach unserem Ende zusammen. Der nächste Schock. Da ging noch mehr, ich konnte noch einstecken. Es war jedes Mal wie ein Schlag ins Gesicht, härter und schmerzhafter. Doch ich fiel einfach nicht um.
Ich wollte noch mehr Schläge. Er wollte mich nicht verletzen, deshalb sagte er mir nichts davon. Ach du lieber Gott, er hätte doch tun können, was er wollte, wir waren doch getrennt. Doch wir hätten keinen Kontakt mehr haben dürfen, das war auch mein Fehler.

Die Reha war 2019 und ich kam gestärkt zurück ins Leben mit ambulanter Therapie. Das Problem privat und beruflich konnte eine gute Zeit stabilisiert werden. In Zahnarztpraxen hielt ich nie lange durch. Es gab Übergangs- Jobs und die genügten mir fürs Erste. Ich wusste nicht mehr wo ich noch hin sollte. Alles war hinfort. Noch immer konnte ich mich nicht von dem Ex lösen und hoffte auf ein Wunder.

Im März 2020 konnte ich wieder bei meinem Unternehmen arbeiten, das ich damals liebte und verlassen musste. In dieser Zeit brach auch Corona aus und die Bedingungen machten allen das Leben sehr schwer. Als mein Ex sich nicht mehr zu meinem Geburtstag meldete, war es für mich offiziell im Kopf und Herzen vorbei. Ich war wieder in meinem Leben angekommen und ließ ihn ziehen. Ich glaube, dass ich das nie wirklich verkraften konnte, dass er mich verließ. Aber ich war trotzdem erleichtert, denn er war nicht gut für mich und wie sich herausstellte, auch nicht treu. Ich konnte froh sein, dass seine neue Freundin nun diese Probleme hatte, denn er meldete sich ständig, wenn sie stritten. Ich war die 2. Tür, die er sich offenhalten wollte, und ich gebe zu, es gefiel mir, dass sie Streit hatten, viel mehr Streit als ich mit ihm hatte. Doch ihre Beziehung hielt und sie verlobten sich sogar, wie ich hörte. Keine Ahnung, ob ich ihn jemals wieder sehen würde, es hätte mich gereizt, aber alle hielten mich davon ab, was auch besser war. Ich bin froh, dass ich solche Menschen habe, die auf mich aufpassen. Ich hatte mich genug zerstört, ich musste damit aufhören.

Insgesamt trauerte ich diesem Mann also 2 Jahre nach der Trennung nach, bis ich wieder ich selbst war. Was ich daraus lernte, wurde mir später klar. Ich wusste es, doch das Wissen umsetzen machte mir weiterhin Schwierigkeiten. Noch sah ich die Muster nicht. Die Kriterien, nach denen ich offenbar immer dieselbe Art Männer anziehe.

Alkohol, Untreue, Fußballer, schnelle Eroberungen, um vorrübergehend Liebe zu erhalten.

Im Liebeskummer wollte ich unter anderem lernen, wie man das Herz eines Mannes zurück erobern kann. Bücher und Coachings hierzu hatte ich gekauft, um an der falschen Stelle zu lernen.
- Männer verstehen
- Wie werde ich unwiderstehlich
- Umgang mit Trennungen
- Wie bringe ich einen Mann dazu mich zu vermissen.

Das waren alles Ansätze, um weiter zu leiden. Dass ich meine Einstellung ändern musste, als einziges Problem, damit ich gar nicht solche Dinge lernen musste, war mir noch immer nicht klar. Ich dachte ich müsste anders mit Männern umgehen lernen, sodass ich selbst also das Problem war. Das stimmte zwar, aber nicht so wie ich dachte. Was nutzte es, diese ganzen Dinge zu lernen, wenn ich das an den falschen Männern anwenden sollte? Da musste ich ansetzen. Es ist zwar keine verlorene Zeit, sich darin zu bilden, doch in meinem Falle nutze es nur wenig. Der richtige Mann würde nicht gehen. Und so wie ich die falschen Männer anbettelte, hatte ich sowieso jede Chance auf Rückkehr verspielt. Gott sei Dank im Nachhinein. Ein respektvoller Abschied wäre schön gewesen. Doch ich machte es ihm schwer, da ich so verzweifelt und tottraurig war. An seiner Stelle hätte ich wohl auch lieber davor gedrückt, als mir anzusehen, wie sich jemand quält, der mir einmal viel bedeutete und mit dem ich intim war. Das musste hart sein. Allerdings war mir das so egal, denn ich sah nur meinen Schmerz. Er hatte bereits abgeschlossen und es machte ihm daher nichts aus mich zu verletzen, das dachte ich jedenfalls, weil Männer scheiße sind. Diese Einstellung kam wieder hoch. Er hatte mir nichts getan, außer Schluss gemacht, weil es mit uns nicht passte. Er sah es und handelte, was ich niemals geschafft hätte. Ich war ihm nicht böse, weil er Schluss machte, sondern weil ich im Nachgang überlegte, wie schlecht er für mich war und dass er mir wohl nicht treu war. Ich war böse auf mich selbst, dass er mich abschoss, obwohl ich ihn hätte abschießen müssen nach all meinen Bemühungen. Ich war dumm. Meine Gefühle waren stärker als mein Kopf, der aussetzte. Seine Entscheidung war richtig und ich war lediglich böse auf mich selbst und weil ich in meinem Stolz gekränkt war.

Zum ersten Mal erkannte ich etwas Wichtiges für meinen Frieden. Keine Männer mehr. Lerne doch alleine zurecht zu kommen und dein Leben zu führen mit dem was du willst. Was willst du? Was ist dazu nötig? Tu es und lass die Männer mal ganz aus dem Kopf. Und das tat ich. Ich zog mich zurück.

In einer neuen Wohnung eingezogen fand ich neue Wege und Frieden ohne Männer. Das war nötig. Ich hasste Männer und wollte nichts mehr von anderen Männern wissen. Und aus diesem Grund, hatte ich meiner Ansicht nach keine Therapie mehr nötig. Ich wollte definitiv nie mehr so etwas erleben, also machte ich dicht und lebte allein. Ich zog mich zurück und versuchte herauszufinden, was ich will.

Nageldesign war meine neueste Leidenschaft, zusätzlich zum Kosmetik Geschäft. Wegen Corona lernte ich durch online Schulungen das professionelle Nageldesign und erlangte einige Zertifikate in verschiedenen Schwerpunkten. Doch ich war Anfänger und auch meine Vermieter wollten mich urplötzlich raus aus der Wohnung jagen. Das wäre rechtlich nicht möglich gewesen, aber ich hatte einfach keine Nerven mehr für diese Menschen.

Ich zog wieder zu meinen Eltern ins Haus, um auch finanziell einmal aufatmen zu können. Dort konnte ich Kräfte sammeln und versuchte in verschiedenen Firmen im Network Marketing etwas auf die Beine zu stellen. Gute Produkte, aber Menschen beschwatzen war nicht meins.
Ich wollte einfach nicht mehr arbeiten gehen und 2021 kam die nächste Reha, damit ich neue Perspektiven bekam. Der Kontakt zu Freunden wurde weniger und es gab nur noch einen Freund, mit dem ich wieder mehr Zeit verbrachte. Mein erster Freund mit 16, der mir auf der Bühne seine Liebe gestand. Wir freundeten uns wieder an und das tat gut. Zuhause kamen neue Probleme. Es funktionierte mit meiner Mutter einfach nicht mehr unter einem Dach und ich wollte auch bloß vorrübergehend dort wohnen. Auch der mentale Stress durch diese emotionale Sabotage eines noch immer bestehenden Narzissten, wurde nochmal schlimmer. Ich hatte Angst vor ihm und dachte ernsthaft, mein Leben würde nicht mehr besser

werden. Ich war ganz unten angekommen und schämte mich nur noch. Nichts funktionierte, weil der Kopf nicht mehr funktionierte. Es waren zu viele Entscheidungen, zu viele Wenn's und Aber's und vor allem die Frage, was ich eigentlich wirklich will. Ich wusste es einfach nicht und dachte ernsthaft, ich wäre ein hoffnungsloser Fall, was der Narzisst mir immer erfolgreich einredete.

Nach der 2. Reha 2021 und der Therapie über 1 Jahr danach, war ich Ende 2022 soweit, wieder arbeiten zu gehen und mir wieder eine eigene Wohnung zu suchen. Nur so konnte ich wieder auf die Beine kommen. Ich träumte oft von meinem Berufswunsch in jungen Jahren. In den Rehas und Therapie wusste ich auch, dass es meine Leidenschaft und immer mehr Fachgebiet wurde. Doch im Vordergrund stand nur noch eines, ein sicherer Job, Geld verdienen und ein eigenes Leben mit geregeltem Alltag. Aber vielleicht bin ich das einfach nicht??
Der Weg zur Selbstfindung dauerte also lange bei mir und war mit vielen Umwegen, neuen Entscheidungen und geänderten Zielen verbunden. Wann würde ich Ruhe finden, wissen wer ich bin, was ich will und so bleiben? Wer bin ich?

Das Unternehmen, dass ich so liebte, entließ mich insgesamt drei Mal und nach dem 3. Mal wusste ich, jetzt gehe ich für immer. So verarscht wurde ich noch von keinem Arbeitgeber. Sie kamen 2020 betteln, dass ich wieder komme, gaben mir trotzdem wieder nur Zeitverträge, bis er schon nicht mehr verlängert wurde und versprachen mir nochmal den Job, drängten mich zum Aufhebungsvertrag in einem recht guten Job und das alles tat ich für sie um wieder und wieder gekündigt zu werden. Es ging es mir gut in einer Zahnarzt- Praxis, aber ich freute mich so darüber, dass sie mich wieder einstellen wollten. Nachdem der Aufhebungsvertrag galt, sagten sie mir die Stelle wieder ab. Diese Leute brauchten mir nie mehr zu kommen, denn ich war eine verdammt gute Kraft und das war nicht mein Verlust. Ich war so enttäuscht und schloss endgültig mit diesem Konzern ab.

Meinen Frieden hatte ich noch nicht ganz gefunden, aber ich tat Schritte, die mich weiterbrachten.
2023 war ich wieder im Berufsleben, wenn auch schon wieder nur in einer Zahnarztpraxis. Ich sah ein, dass es die einzige Möglichkeit war, Ruhe einkehren zu lassen. Sicherheit, etwas Geld, Ruhe und sogar neue Freunde. Ich versuchte alles so zu akzeptieren und lebte zufrieden. In solchen Praxen würde ich allerdings nie lange glücklich sein. Das Geld war einfach nichts wert für die Arbeit, die ich tat. Und dann verließ mich in der Praxis noch meine Freundin und ich war allein dort mit allem. Trotz Gehaltserhöhung ab Januar 2024 war ich nicht bereit, dort zu bleiben und ein Angebot aus der Familie veränderte mein Leben. Und zu dieser Wende im Januar 2024 zog ich auch endlich wieder in eine eigene Wohnung.

Seit Sommer 2023 war ich auch ein großer Fan von Elvis Presley geworden, weil ich mit meinem Kumpel den Film sah, der 2022 neu herauskam. Ich war begeistert.

Nun war ich seit 2018 insgesamt 6 Jahre ohne Mann und es tat so gut, doch Elvis weckte ein klein wenig die körperliche Sehnsucht nach einem Mann. Doch ich lebte so zurückgezogen, dass ich froh war, keinen Mann zu haben oder einem zu begegnen. Ich verbrachte nur noch viel Zeit mit meinem Kumpel und das genügte mir. Ich hatte meine Ruhe vor allen Menschen und war zufrieden.

Neue Arbeit, neue Chance:

Anfang 2024 begann ich in einer Arztpraxis zu arbeiten, deren Patienten recht anstrengend waren. Doch das Gehalt war gut und ich konnte mich gut einarbeiten und Kompetenzen erweitern. Zum Beispiel Arschlöchern übers Maul zu fahren. Ich begann mich gegen Patienten zu wehren, wie in anderen Arbeitsfeldern eigentlich nur gegen Chefs. Doch ich wollte durchhalten und es schaffen.

Kapitel 8:

Der Traum

Im März 2024 hatte ich einen intensiven Traum von Elvis. Er stand in unserem Garten hinterm Elternhaus auf einer Bühne und sang meinen Lieblings Song. Er trug den schwarzen Leder Anzug vom Come Back 1968 und ich ging näher zu ihm. Niemand war da, nur dunkle Gestalten um mich herum, die ich nicht erkannte. Er zog mich auf die Bühne und umarmte mich. Es fühlte sich so real an, ich konnte seine Wärme spüren, den Schweiß auf seinem Gesicht und das Leder seiner Jacke am Rücken.

Ich hielt ihn ganz fest, drückte meine Wange an seine Wange und er flüsterte mir ins Ohr: „Alles wird gut"

Mir wurde warm ums Herz und mir schossen Tränen in die Augen. Ich spürte das Leder seiner Jacke auf meiner Hand und wollte ihn nicht mehr loslassen. Ich begann zu schwitzen und wurde wach.

Als ich die Augen öffnete erschrak ich, schnappte nach Luft, als hätte mir jemand den Hals zugedrückt und setzte mich aufrecht hin. Mein Laken war schweißgebadet und ich ebenso. Ich zitterte, weinte und lächelte gelichzeitig. Meine Gedanken waren völlig durcheinander. Was war hier geschehen?

Einen so realen Traum hatte ich mein ganzes Leben lang noch nicht. Sollte ich Angst haben? War das eine Nahtoterfahrung

und er wollte mich zu sich rufen? Wollte er mich einfach nur aufmuntern, weil ich so einsam war?
Warum ausgerechnet Elvis? Ich war doch auch seit Jugendtagen Sylvester Stallone Fan, doch er lebt noch. Gibt es doch eine paranormale Welt, in der die Toten auf uns herab sehen um uns zu beschützen? War Elvis nun mein Schutzengel?

Ich war tagelang verstört und verängstigt. Doch ich wusste, dass dieser Traum einen Sinn haben musste.

Sollte wirklich alles gut werden? Weil ich der Auffassung war, dass nichts mehr Schönes kommt, was mich aufmuntern könnte. Unzufrieden in der Arbeitswelt. Die falschen Männer, die mich aussuchen und wieder verlassen. Lektionen, die ich offensichtlich niemals lernen würde.

Ich begann zu vertrauen. Das ist kein Witz, seit diesem Traum glaube ich daran, dass Elvis mir hilft, in allem was noch käme. Er war das einzige Mittel, dass mich noch weiterleben ließ, in einer Welt, die mich sonst nur deprimierte. Ich brauchte ihn dringend. Mit den Recherchen über ihn, seine Filme, Musik und Leben, war ich glücklich und außerdem… ja, er sah verdammt gut aus und tat meinen Äuglein sehr gut, vor allem meinen Bedürfnissen. Es gab wieder einen Mann, der Gefühle in mir wach rüttelte nach 6 Jahren, in denen ich das Thema Männer begraben hatte. Natürlich war er unrealistisch, aber der Einzige, der mir gefiel. Ausgerechnet Elvis.

Selbstverständlich kam der Gedanke, der meine Bedürfnisse nährte: „Gäbe es nur noch solche Männer"

Der Traum gab mir Hoffnung, dass ich noch nicht tot bin.

Kapitel 9:

Die größte Liebe

In der neue Arzt Praxis war ich 6 Monate und wurde entlassen.

Ich hatte keine Lust mehr, denn ich war platt von all den Jahren. Und zu guter Letzt wurde ich zum Dank für 6 Monate Kampf und guter Arbeit einfach wieder entsorgt. Ich war nun fertig. Wäre ich doch bloß in der Zahnarztpraxis geblieben. Lieber wenig Geld, dafür aber ein ruhiges Leben, so dachte ich. Was sollte ich nun tun?

Ich beschloss, eine letzte Maßnahme für meine Psyche und mein Berufsleben zu einzuleiten, um endgültig einen Weg zu finden, der mich für den Rest meines bedauerlichen Lebens zufriedenstellen sollte. Ich hoffte darauf, denn ich wusste nicht mehr weiter. Nach so vielen Versuchen, fand ich einfach nichts, was meinem Leben beruflichen Sinn gab. Ich wäre dort geblieben, wo ich so kämpfen musste. Ich hätte es geschafft, aber bekam keine Chance dazu. Während ich auf diese Maßnahme wartete, verbrachte ich den Sommer viel Zeit bei meinem Kumpel.

Ich war nun 6 Jahre ohne Mann und es tat mir mehr als gut. Doch meine Vorliebe für Elvis ließ mein Verlangen langsam wieder auflodern. Es waren allerdings andere Dinge wichtiger. Wenn ich mein Leben wieder im Griff hatte, würde ich versuchen, wieder in die Öffentlichkeit zu gehen, um einen Mann fürs Leben zu finden. Nun war ich erst einmal ängstlich, schwach und zerbrechlich von all den Jahren geworden. Ich versuchte zu heilen, Menschen aus dem Weg zu gehen und zog mich zurück. Immer wieder kam die Überlegung, dass ich mein Fachgebiet doch endlich zum Beruf machen sollte, doch ich war zu bequem und zu ängstlich. Mir war alles einfach zu viel und mir fehlte Kraft und Mut. Was würde aus mir werden? War denn alles zu spät und ich hatte mir mein Leben versaut? Musste ich das akzeptieren? Ich überlegte und wartete auf die Hilfe, die ich dazu benötigte. Im September sollte ich diese Maßnahme bekommen und bis dahin wollte ich einfach nur zur Ruhe kommen, denn ich konnte nicht mehr noch mehr Schmerz ertragen, zumindest nicht in dieser Zeit. Ich musste wieder stark werden und einen Sinn für mich finden, was ich aus mir und meinem Leben machen soll. Noch war es schwer für mich, bis ich einsah, wie ich eigentlich bin und das völlig in Ordnung ist. Das kam erst nach der nächsten Aktion.

In diesem ruhigen Sommer dachte ich an keinen Mann mehr außer Elvis, der mich mit seinen Liedern und Filmen am Leben hielt. Doch ein Wunder geschah mir und machte den Sommer zum schönsten den ich je hatte. Mir war egal, wie ich aussah, denn ich war fertig und machte mich nicht mehr schick, wenn ich bei meinem Kumpel war. Wir waren sowieso meistens allein und niemand sonst sah mich. Eines Tages hatte er einen Freund zu sich eingeladen und ich sollte an diesem Abend auch vorbeikommen. Schüchtern wollte ich das erst nicht, denn ich fühlte mich nicht mehr wohl unter Fremden. Doch ich versuchte es.
Ich wollte sein wie ich sonst war, selbstbewusst und selbstsicher. So trat ich ihm gegenüber auch auf. Ich stellte mich ihm vor und reichte ihm meine Hand. Es war nett an diesem Tag und wir unterhielten uns ein wenig ohne weitere Gedanken. An jenem Sonntag darauf war mir wieder so gar nicht nach Gesellschaft, doch mein Kumpel lud mich zum Schwenken und Pool ein. In seinen Pool ging ich aus Prinzip nicht, weil ich dick war und mich im Badeanzug hässlich fühlte. Sein Kollege war auch wieder da und ich dachte mir nichts dabei. Meine Ausstrahlung war nicht besonders und war ungeschminkt und

lustlos zu diesem Abend. Ich wollte trotzdem fröhlich wirken. Meine Angst davor, mich im Bikini im Pool zu zeigen war groß und es kam nie vor, dass ich mich dazu überwinden konnte. Tatsächlich wollte ich mir Mut antrinken und bei diesem heißen Wetter doch einmal für Abkühlung sorgen und mich trauen, in den Pool zu steigen.

Jetzt war allerdings noch ein Fremder da und ich hatte mir doppelten Mut antrinken müssen. Und das tat ich. Wir sprachen miteinander und beruflich hatten wir ein gemeinsames Thema gefunden. Ich spürte, wie das Eis brach, als wir uns mehr darüber unterhielten. Auch er wurde lockerer und die Stimmung war heiter. Ich stellte Fragen, um ihn kennen zu lernen und fand seine berufliche Situation sehr ungewöhnlich für einen Mann, aber recht anziehend. Das Gespräch wurde lockerer mit mehr Alkohol und ich war nun bereit für den Pool. Ohne, dass die beiden mich beobachten konnten, war ich schnellst möglich im Pool in Sicherheit und hatte Herzklopfen. Die Stimmung war jedoch gelassen und wir hatten viel gelacht. Ich hatte es nicht beabsichtigt, doch ich kam dem fremden Mann näher und als mein Kumpel sich kurz aus dem Pool zurückzog, kam es zu einem Kuss. Ich verstand es nicht. Ich fragte mich, was dieser Mann von mir wollte? Doch ich genoss es und wir waren beide recht betrunken. Ich hatte seit Jahren keinen Mann mehr geküsst und er war prinzipiell nicht mein Typ. Es würde nichts Ernstes werden, sondern nur Spaß an diesem Abend.

Es tat gut, dass er mich anscheinend toll fand, warum auch immer. Mein Kumpel war sichtlich verwirrt, wenn nicht sogar geschockt, als er uns so eng umschlungen entdeckte. Ich konnte mir keine Gedanken darüber machen, was da passierte, dafür war ich weder bereit noch empfänglich. Also ließ ich einfach alles passieren, weil es sich gut anfühlte. Er war jünger als ich und er war mir an diesem Abend ständig hinterher, um mir nahe zu sein und mich zu fühlen.

Es war körperlicher Hunger, denn ich spürte Bedürftigkeit und wusste nicht, ob auch mir persönlich sein Interesse galt. Ich war noch nicht einmal interessiert oder bedürftig. Wir kannten uns gar nicht und es passierte so schnell. Wir konnten uns kaum trennen an diesem Abend und es tat so unfassbar gut. Es war der schönste Abend, weil er mir so nahekam und mich anhimmelte.

Kaum hatte er meine Nummer, meldete er sich unmittelbar, denn wir wollten unser Zusammentreffen fortführen unter vier Augen. An diesem Abend fuhren wir nachhause, trotz des Alkoholpegels und er hatte mir sehr imponieren wollen. Er fuhr hinter mir, neben mich im Dorf um mich anzugrinsen wie ein verrücktes Kind. Ich liebte es, so umschwärmt zu werden. Ich hätte ihn am liebsten mit nachhause genommen, doch er hatte Verpflichtungen, denn es war Sonntag auf Montag mitten in der Nacht. Ich ging ja nicht arbeiten und hatte Zeit, er nicht.

Wenige Tage später kam es auch schon zu unserem Treffen bei mir zuhause und ich war so nervös, wie seit Jahren nicht mehr. Ich fühlte mich wie ein Teenager. Als hätte ich keine Ahnung was ich tun sollte, weil es schon so lange her war, dass ich mit einem Mann alleine war. Ich vergaß alles darüber und war das Alleinsein gewohnt. Ich hatte Angst etwas falsch zu machen.

Ich bereitete mich so gut vor, wie schon Jahre nicht mehr. Ich tat alles, um gut auszusehen, mich angenehm anzufühlen und was man sonst so tut, wenn man weiß, da wird es intim. Und trotzdem war ich der Ansicht, es wird nicht mehr als Sex sein. Da ich lange Jahre keinen Mann mehr hatte, war ich natürlich hoch erfreut, dass mich wieder ein Mann wollte.

Der Abend mit ihm war wunderschön, wenn auch etwas befangen. Ich dachte mir, es würde bei diesem Abend bleiben und er würde sich nie mehr melden, nachdem er bekam was er wollte.

Wir unterhielten uns allerdings ein wenig und ich spürte nicht nur körperlich Zuneigung. Er wollte neben mir sofort meine Hand halten und es dauerte nicht lange, bis wir uns nahekamen. Ich fühlte, wie sehr es körperlich Zuneigung brauchte, und ich ebenso. Es war wunderschön in seinem Arm zu liegen und er meldete sich, als er zuhause ankam. Ich bemerkte langsam, dass ich ihn doch sehr mag.

Er meldete sich weiterhin regelmäßig und ich gewöhnte mich daran. Morgens und abends bekam ich immer seine Nachrichten, als würde er immer an mich denken. Das gefiel mir sehr und ich gewöhnte mich daran.

Ich fragte ihn nach einem weiteren Treffen mit mir er wollte anstandslos mit mir etwas unternehmen, er drückte sich mit einer Selbstverständlichkeit aus, als würde er mich wirklich toll finden. Ich fühlte mich so begehrt und gewollt, sodass ich mich freute über seine Zuneigung und Interesse, anscheinend auch an meiner Person. Wir gingen am See spazieren und er nahm meine Hand. Wir saßen am Ufer und hatten wunderschöne Gespräche. Die Sonne ging unter und ich fühlte mich stark zu ihm hingezogen. Wir lernten uns besser kennen. Ich erfuhr, dass er gut mit dem Mann befreundet war, der mir meine Unschuld nahm. Erinnerung an die erste Liebe, für die ich nur ein Lückenbüßer war. Das war sein quasi bester Freund? Scheiße. Und wieder ein Fußballer, na das kann ja was werden. Nicht nur meine ehemalige Liebe, die schon 15 Jahre her ist, sondern auch dessen Frau, dich mich seitdem so schlecht machte, wie sie nur konnte. Also dachte ich mir, das würde sie bei ihm nun auch versuchen. Ich wartete ab. Vielleicht würde es funktionieren.

Er schenkte mir täglich seine Aufmerksamkeit und wollte mich immer wieder sehen, trotz seinen schwierigen privaten Umständen. Was sollte ich davon halten? Ich war begeistert von seiner Art mich so zu verzaubern. Er schrieb mir sogar nachts, als ich mit Freunden unterwegs war, oder wenn ich Probleme hatte, machte er sich Sorgen. Es gab einen Spruch, den wir uns sagten, mehr aus Spaß. Es war ein Insider Witz, der sich zu unserem Spruch entwickelte. Er mochte diesen einen Seufzer von mir, der mir nicht einmal auffiel. Ich wusste nicht warum ich das tat, es war unbewusst, aber er liebte es, wenn ich seufzte in einem Gespräch. Ich tat es nur bei ihm, sonst bei keinem. Wahrscheinlich aus Nervosität, weil ich ihn so sehr liebte.

Wenn wir uns verabschiedeten, konnten wir nie voneinander ablassen und es war schwer für mich, ihn nachhause fahren zu lassen. Da er mir aber so oft es ging täglich schrieb, fühlte ich immer seine Zuneigung.

Er behandelte mich, als wäre ich etwas Besonderes für ihn. Obwohl es sehr körperlich war, wie meistens am Anfang, verbrachten wir viel Zeit zusammen und unternahmen so schöne Dinge zusammen, die ich niemals mehr vergessen werde. Nie hat ein Mann mir so viel Aufmerksamkeit gegeben und so viel mit mir unternommen. Wir wollten uns immer fühlen und küssen, wie es anfangs normal war. Ich fühlte mich wie im 7. Himmel. Auch bei meinem Kumpel zeigten wir offen, dass wir uns sehr liebhatten. Über diese Zeit startete ich Gespräche mit ihm, um ihn besser kennen zu lernen und manche Gespräche waren sehr vertraulich und wir begannen uns dadurch noch näher zu kommen, auf mentaler Ebene. Es wurde ernst und ich hatte ihn wirklich über allen Maßen gern. Der schönste Tag meines Lebens war der Tag mit ihm in der Therme. Wir zeigten offen, dass wir uns körperlich sehr nahe waren und wollten uns immer gegenseitig fühlen. So etwas kannte ich nicht aber wünschte es mir immer. Genauso hatte ich mir Liebe unter anderem vorgestellt.

Er nahm mich in den Arm und küsste mich auf die Stirn, hielt immer meine Hand, streichelte mich und war sehr körperlich mit mir. Ich liebte es, so behandelt zu werden und wollte aus diesem Traum nie mehr aufwachen. Diese Zeit war für mich das Beste, was ich je erlebte, vor allem mit einem Mann. Ich war süchtig nach seinen Küssen, ihn zu fühlen und nach allem, was er mir gab. Ich war noch nie so glücklich.

Doch ich hatte Angst bekommen vor allem was passieren könnte, weil ich es doch aus Gewohnheit kannte. Was ich nie verkraften konnte war, verlassen zu werden von einem Mann, in den ich mich verliebte. Ich zeigte mich daher ihm gegenüber nie komplett so, wie ich wirklich war, denn vielleicht würde er mich dann nicht mehr wollen. Da ich nicht mehr selbstbewusst war, konnte ich nicht lange durchhalten, ihm meine Angst weiter zu verschweigen. Ich hielt meine Gefühle stark zurück.

An jenem Tag, als ich ihn zum ersten Mal auf dem Sportplatz besuchen war, um ihn Fußball spielen zu sehen, passierte das, was ich vermeiden wollte.

Er faszinierte mich so stark mit allem, was ich sah und überlegte, wie sehr ich ihn doch mochte. Er gefiel mir so unfassbar gut im Spiel und in seinem Trikot, dass ich aus Angst nach dem Spiel verschwand. Ich wusste, dass ich verliebt war, als er mir nach dem Spiel eine Textnachricht schrieb und mir mitteilte, wie nervös er war, mich dort zu sehen, und dass er Angst hatte, nicht gut zu spielen, weil ich doch zusah. Er freute sich so sehr, dass ich für ihn da war, um ihn zu sehen. Schockverliebt!

Und damit war ich hilflos und hatte Angst vor all den Schmerzen, die ich damals hatte. Ich war sicher, auch er würde mich verlassen. An diesem Tag war ich verhalten und zurückhaltend, konnte aber auch nicht mehr ohne ihn.

Ich hatte mich getraut, in der Öffentlichkeit mit ihm zu sprechen, weil ich wusste, dass dort Menschen sind, die mich nicht mochten. Seine Freunde zum Beispiel, die mich mieden wie die Pest.

Das waren wohl keine guten Voraussetzungen für uns, aber er versicherte mir, dass es kein Problem darstellen würde. Auch andere Umstände passten mir nicht wirklich, wollte aber nichts sagen, weil alles noch so ungewiss und frisch war. Wir wollten ehrlich zueinander sein und glaubten daran. Doch was mich störte, sagte ich ihm nicht. Ich hatte zu viel Angst und wollte lieber verständnisvoll sein und ihm alles recht machen, damit er bei mir blieb.

Er bemerkte, dass etwas nicht stimmte und ich brachte es nicht übers Herz ihm zu sagen, was ich für ihn empfand und warum ich solche Angst hatte. Doch ich wusste, dass ich ihm meine Gefühle gestehen musste und brachte ich eines Abends den Mut dazu auf.

Mit größter Angst versuchte ich ruhig und offen zu wirken. Als ich ihm sagte, dass ich verliebt bin, wusste er nicht, was er dazu sagen sollte und ich war so blind, dass ich nicht erkannte, wie früh ich es ihm sagte. Ich konnte es nicht mehr für mich behalten und es hätte mich in Schwierigkeiten gebracht. Nun hatte er die Macht, was er daraus tun wollen würde. Er wirkte überfordert und ängstlich, schaute mich dann aber verliebt an und ich deutete sein Verhalten über 2 Monate so, dass er ernste Absichten hatte. Er versicherte mir, dass alles gut wird und ich nichts mehr falsch machen könnte. Ich ließ ihm Zeit, um seine Gefühle zu entwickeln, auch wenn ich bereits etwas voreilig war. Niemals hätte ich ihn unter Druck setzen wollen. Ich war ehrlich, weil es mir wichtig war. Natürlich hätte ich gern gehört, dass er sich auch verliebt hätte, doch ich dachte, er würde noch Zeit brauchen oder hätte noch nicht den Mut, es mir zu sagen. All sein Verhalten, seine Blicke, seine Aufmerksamkeit und Bemühungen, sowie seine Aussage, dass er es ernst meinte, beruhigten mich sehr und ich ließ mich fallen. Meine Ängste fielen von mir ab, weil er noch immer zu mir wollte so oft es ging.

Was er mir zeigte, wo er mit Worten zurückhaltend war, war seine ehrliche Zuneigung und ich dachte oft, dass er verliebt sein musste. Könnte ich das missverstehen? Hatte ich mir blind vor Liebe etwas eingebildet? Nein, niemals. Es war echt und ich vertraute ihm.

Meine Maßnahme im September rückte näher und ich dachte, er hätte vielleicht ein Problem damit, dass ich so lange nicht arbeiten ging und länger fortmusste. Viele Menschen würden solche Maßnahmen fasch verstehen, doch er war völlig anders in diesen Dingen. Zumindest verhielt er sich so und sagte mir, dass es ihm nichts ausmachen würde. Konnte es noch besser werden? Nun wusste ich, dass wir uns so sehr mochten, dass wir auch bald zusammen sind. Für mich war es bereits so.

Vor seinen Freunden zu mir zu stehen, war eine Herausforderung und es tat mir so leid, was er da durchmachte. Es gab Gespräche mit ihnen, in denen er sich nicht gut fühlte und nicht wusste was er machen sollte. Natürlich mochten diese Leute mich nicht, doch hier hatten sich zwei Menschen gern und das sollte niemanden sonst etwas angehen. Ich war stolz auf ihn, denn er schaffte es mit viel Nervenkraft, zu mir zu stehen und damit war das Schlimmste für ihn geschafft. Ich stand ihm bei und war nun sicher, dass wir auch zusammen sind. Niemals hatte ich das verlangt, er tat es aus eigenem Antrieb.

So glücklich war ich noch nie. Er mochte mich so wie ich war, auch mit meinen Pfunden und wir erlebten so schöne Momente zusammen, die ich nie vergessen werde. Er gab mir Sicherheit und ich vergaß all meine Sorgen. Er riss mich aus meinem Tief und ich blühte wieder völlig auf.

In dieser Maßnahme ging es mir nicht gut und wir sahen uns nur am Wochenende. Wir wollten die Zeit anhalten, weil wir uns einfach nicht mehr loslassen wollten. Wir saßen stundenlang in seinem Auto und küssten uns, weil wir nicht mehr ohneinander sein wollten. Er interessierte sich für meine Angelegenheiten und wir schauten Filme und Serien, die er noch nicht kannte. Ich liebte es, Zeit mit ihm zu verbringen und in seinem Arm zu liegen. Ich war süchtig nach ihm und sehr bedürftig nach körperlicher Liebe.

Voller Mut und mit meinem Glück in der Liebe, war ich so stark geworden, dass ich wieder berufliche Pläne machte und verließ meine Maßnahme früher als geplant. Aus Liebe konnte ich plötzlich wieder alles erreichen, was ich mir erträumte. Ich wollte wieder in den sozialen Bereich und suchte nach Möglichkeiten, wie ich an mein Ziel kommen könnte. Und ich hatte die schönste Unterstützung von dem besten Mann der Welt. Es bedeutete mir viel, dass er mir nun auch zeigte, wie er lebte und das war mein Vertrauensbeweis, dass es immer ernster mit uns wurde. Ich verliebte mich mehr und mehr, weil er der liebste Mensch für mich war. Aus völligem Desinteresse, wurde er doch der Mann meiner Träume. Ich habe ihm nie gesagt, was er mir tatsächlich bedeutete, weil ich ihn nicht noch mehr überfordern wollte. Er erfuhr es nie.

Er war pflichtbewusst und freundlich, höflich und anständig, mit einem tollen Beruf und ernsten Absichten. Meine Bewunderung sah bestimmte Umstände, die weniger gut für uns waren, leider noch nicht. Diese hätten uns wohl bald Probleme gemacht, doch mit genügend Liebe und Zusammenhalt würden wir Lösungen dafür finden und gemeinsam für uns etwas

Neues aufbauen. Mit Bedacht und Zeit wollte ich nach und nach alles kommen lassen, um ihn nicht unter Druck zu setzen. Ich konnte mein Glück kaum fassen. Endlich war ich für einen Mann nicht nur etwas Ernstes, sondern behandelte er mich auch so und trug mich auf Händen. Wir schafften es noch nicht, uns in der Öffentlichkeit unter bekannten Leuten, zusammen so zu zeigen, doch das würde sich mit der Zeit auch ergeben. Es war für uns beide neu und erst einmal schwierig, weil es Gespräche geben würde, vor allem von denen, die uns beide gut kannten. So ist das eben, wenn sich im Dorf jeder kennt. Das sollte keine Rolle spielen. Ich erzählte bereits meinen Freunden von ihm und sie freuten sich so sehr für mich, weil ich doch die Liebe endlich einmal verdient hätte. Ich war nun auch wieder zuhause von meiner Maßnahme und bereit für das Leben, dass sich endlich einmal schön entwickelte. Wenn ich nun noch an mein berufliches Ziel käme, wäre alles perfekt. War das nun mein Seelenfrieden? So glücklich, geliebt und zufrieden?

Ein Treffen mit meinen Freunden, um ihnen meine neue Liebe vorzustellen, stand bevor. Es war ein sehr schöner Abend und wir hatten viel Spaß. Er bemühte sich, mit den anderen zu reden und sich mit ein zu bringen. Es erfüllte mich mit Stolz, ihn bei mir zu haben. Ich freute mich darauf, danach noch etwas mit ihm allein zu verbringen, denn ich war unheimlich angeregt durch seinen Einsatz bei meinen Freunden. Ich wollte ihm dafür danken und auf dem Heimweg konnte ich es nicht erwarten, ihm zu zeigen, wie wichtig er mir war. Doch er wollte nachhause. Zum ersten Mal wollte er nicht bei mir bleiben. Das kannte ich doch irgendwo her. Was war los? Ich hatte Bedenken, dass er mich nicht mehr wollte, doch er tat alles für mich. Es passte nicht zusammen. Ich dachte mir nichts dabei und versuchte meine Angst nicht wieder aufleben zu lassen, denn er hatte mir bereits bewiesen, dass ich keine Angst haben musste.

Doch er wollte mich an den darauffolgenden Tagen auch nicht sehen, das war neu. Was war denn dabei? Ein Mann muss nicht jeden Tag bei mir sein, er würde genau wie ich auch mal Tage für sich brauchen, das war normal und ich gönnte es ihm. Als er merkwürdig wurde und mir irgendwie aus dem Weg zu gehen schien, bemerkte ich, dass ihn wohl etwas beschäftigte. Ich fragte ihn warum er mir nicht erzählt, was ihn so plagte. Da kam die erschütternde Nachricht, die ich tief im Herzen schon kommen sah.

Ein Text mit der Info, dass seine Gefühle nicht ausreichen für eine Beziehung. Mein Herz schlug schneller und ich war ohnmächtig vor Verzweiflung. Irgendwie rechnete ich ja damit, wollte es aber nicht wahrhaben. Ich weinte hysterisch und war geschockt. In mir kam alles auf, alles von früher. Ich atmete schneller, schmiss das Handy weg, saß auf meinem Bett und bekam plötzlich keine Luft mehr. Ich wurde starr wie ein Stein, legte mich aufs Bett und zitterte. Die Augen weit aufgerissen, schwer geschockt mit Tränen befüllt, die an den Wangen herunterliefen. Ich wusste nicht wie ich reagieren sollte und merkte, wie die Lust zu betteln wieder aufkam. Einerseits war ich böse, dass ich nur eine Textnachricht wert war, nach all der schönen Zeit, andererseits wollte ich ihn anflehen, nicht zu gehen. Mir war klar, nach dieser Nachricht werde ich ihn nie mehr sehen, anfassen, fühlen, küssen oder riechen können.

Schon wieder. Schon wieder werde ich verlassen, nicht gewollt, verletzt und nicht einmal ein Gespräch, sondern ein Text. Wir waren uns so nahe und vertraut, dass ich doch diesen Respekt zumindest verdient hätte. Meine Gefühle waren durcheinander, einmal wütend, dann wieder traurig. Wie und wo sollte ich mich nun mit all dem Stau im Kopf und im Herzen hinwenden? Ich hatte Schnappatmung und konnte es nicht glauben.

Ich wollte aufstehen, aber ich fiel auf den Boden und ließ meiner Trauer und Verwirrung, dem Schmerz freien Lauf.

Ich schrieb ihm leider all meine Wut und Trauer, so wie es mein Drama im Kopf verlangte. Er kannte mich so noch nicht. Meine Emotionen hatte ich ihm so nie gezeigt. Was ich ihm schrieb, bereute ich schnell und löschte es wieder. Ich suchte nach Worten, doch im Kopf war alles durcheinander und ich schwankte. Ich hätte nichts tun dürfen bis ich wieder klar denken konnte, doch ich musste meine Verwirrung zeigen. Das war ein Muster, dass ich wieder erkannte. Es war nicht das erste Mal, dass ich nicht zurechtkam mit der Tatsache, dass mich ein Mann nicht mehr will. Ich sollte es gewohnt sein, doch es tat so weh, dass ich es nicht mehr aushielt. Was hatte ich schon wieder falsch gemacht? Warum will mich schon wieder jemand nicht? Hatte ich das die ganze Zeit falsch verstanden? Hatte er mich getäuscht? Ich hatte so viele offene Fragen, doch ich wusste, dass ich ihn nie mehr sehe. Wenn mich jemand verlässt, dann sah ich nur noch eine Staubwolke, so schnell liefen sie mir davon. Und so war es. Ein Text und fort war er. War ich ihm gar nichts wert?

Ich kam mir vor wie der schlimmste Mensch und die wertloseste Frau auf der Welt. Ich hasste mich dafür, dass ich ihn wohl vertrieb mit meiner Liebe. Ich war es schuld, denn ich war furchtbar, wie immer. Meine Gedanken zerstörten mich, denn ich hatte unerträglich große Schmerzen und verstand einfach nicht, warum mir das wieder passieren musste. Ich wollte mich entschuldigen für die Verwirrung und es vermeiden, ihm nachzulaufen, denn zumindest dieses schädliche Muster wollte ich durchbrechen, um meinen Stolz nicht schon wieder zu verlieren. Ich war stark und ließ ihn in Ruhe. Lediglich ein paar Fragen hatte ich noch an ihn und bekam tatsächlich noch eine Antwort. Ich teilte ihm meinen Standpunkt mit und er wollte mich nicht mehr sehen.

Der Abstand war nun notwendig für uns beide. Erst dachte ich er hasst mich, obwohl ich ihm nichts getan hatte, aber ich hatte ihn überfordert und ich war überzeugt, wenn ich ihm seien Zeit gebe, würde er sich wieder melden, wenn er wieder bereit dazu ist. Es bedeutete mir viel, da er es mir auch so geschrieben hatte. So konnte ich darauf hoffen, dass ich noch mein Gespräch bekäme, wenn sich alles beruhigt hätte. Mein Kummer war schlimmer als je zuvor, denn er war kein Mann, der schlecht für mich war, von dem ich froh war, ihn los zu sein, sondern der erste Mann, der mir endlich guttat und der mich nichts getan hatte. Ich war durch und durch glücklich. Das konnte ich noch nie sagen. Es waren nur 2 Monate, doch die Zeit spielt keine Rolle. In einem Jahr Beziehung mit dem Ex vor 6 Jahren war ich nicht so glücklich wie in diesen 2 Monaten mit ihm.

Ich bekam größere Probleme mit mir selbst und meiner Gesundheit, als damals. Ich kannte es so nicht. Das war mir alles neu und ich war überfordert mit diesem Schmerz. Ich aß etwa 2 Wochen nichts mehr und trinken wollte ich auch nichts. Demnach war ich völlig schwach und kaputt. Und trotzdem musste ich mich ständig übergeben und bekam Sodbrennen und Migräne von meinen Gedanken, die mich quälten.

6 Jahre allein und ich vergaß, nach dieser Trennung damals, was ich gelernt hatte. Ich konnte es noch nicht umsetzen, weil alles so schnell ging, dass es hätte ein Traum sein können. Nun ja, selbstbewusster werden, über den Ex hinwegkommen und wieder am Leben teilnehmen, vor allem auch dem seelischen Missbrauch in der Familie zu trotzen, das lernte ich damals. Aber was ich damals wollte, war den Ex zurück zu bekommen. In diese Schiene lief ich wieder Gefahr zu laufen.

Ich musste viele Gespräche mit meinem Kumpel und Freunden führen, um zu verstehen was passiert war.

Immer und immer wieder musste ich das alles analysieren, da ich von ihm kein Gespräch mehr bekam. Wie sollte ich es denn verarbeiten? Es war anstrengend, denn ich machte mich allein zuhause nervlich und seelisch völlig kaputt. Und meine Freunde bekamen auch wieder mein Drama und die Schwankungen meiner Stimmung ab. Es gab Tage, da war ich völlig klar und konnte es akzeptieren, sogar wieder mit ihm befreundet sein. An anderen Tagen war ich wieder voller Kummer und Sehnsucht und wollte ihn zurück. Ich bekam keinen Abschluss, damit ich ihn loslassen konnte. Er schickte mich in die Hölle. Ich verstand sogar, warum er das tat und war nicht böse, nur verletzt und enttäuscht darüber. Akzeptieren, dass er Schluss mit mir machte, ja das konnte ich, aber ich wollte es verstehen.

Die Fakten wurden mir schon klar, was viel Arbeit war, für mich und meinen guten Freund, dem ich sehr dankbar für seine Hilfe war. Es war Anfang Oktober und ich war wieder am Ende meiner Kräfte. War das nun noch nötig dieses Jahr? Zusätzlich noch mehr Scheiße? Wo es mir doch endlich besser ging, passierte dann das. Meine Nerven lagen blank.

Zuhause hatte ich zum ersten Mal Panikattacken. Ich weiß nicht wovor ich Angst hatte, aber ich musste dann entweder zu meinem Kumpel oder zu meiner Mutter, weil ich nicht allein sein wollte mit diesen Gedanken. Der Liebeskummer zeigte sich ganz anders als damals, denn nun stopfte ich mich nicht mehr voll und nahm dadurch 20 Kilo zu, sondern hungerte mich mindestens eine Woche lang mit Übelkeit und Erbrechen zur völligen Kraftlosigkeit. Ich hatte keinen Appetit mehr und wenn ich etwas aß, wurde mir schlecht und musste mich übergeben. Mich plagten auch Alpträume und sexuelle Träume, die mich derart quälten, dass ich abends Angst hatte, einzuschlafen. Wenn ich aufwachte, schreckte ich mit Panik und Atembeschwerden auf.

So begann ich die ganze Nacht an meinem Buch zu schreiben und schlief erst morgens früh ein, wenn es draußen schon längst wieder hell wurde. Nachmittags erwachte ich wieder mit diesem Schrecken und musste immer wieder an ihn denken. Ich sah sofort sein Gesicht vor mir und weinte. Es war schrecklich und ich hatte Angst, es würde nie aufhören. Zu dieser Jahreszeit tat ich mich zusätzlich schwer, denn wenn ich nachmittags erwachte, wurde es schon wieder dunkel draußen. Ich sah kein Tageslicht mehr. Ich musste mich anstrengen, nichts Negatives zu denken, oder wieder zu viel zu denken, ohne aus dieser Gedankenwelt herauszukommen. Manchmal half das Denken, denn ich kam zu neuen wichtigen Erkenntnissen, doch zu oft lief es in die falsche Richtung. Wenn ich aufschreckte, weil ich träumte oder sofort an ihn dachte, musste ich weinen und mir ständig vorsagen: „Alles wird gut, alles wird gut!"

Ich wusste auch, dass er ständig in der Nähe ist, denn er verbrachte nun da ich weg war, wieder viel mehr Zeit mit seinen Freunden, die wohl eine Party nach der anderen feierten, dass sie mich los waren. Sie bekamen das was sie wollten. Damals schon einmal verjagt und nun nahmen sie mir diesen Mann auch noch weg. Diese Menschen sind mein Verderben und der Teufel. Es dauerte, bis ich darüber wegsehen konnte und mit diesen Leuten endgültig abschloss. Sie trugen dazu bei, dass er mich verließ, da bin ich mir sicher, doch der Grund, warum er so schnell die Flucht ergriff, war ein anderer, und es gab noch viele Gründe mehr. Was ich für mich erkennen konnte, war seine Angst und Überforderung. Es war scheinbar alles in Ordnung, doch innerlich führte er einen Kampf mit sich, seinen Gefühlen und den Umständen, die ihn plagten. Er entschied sich für die Angst, sein gewohntes Leben und seine Freunde. Also konnte er mich nicht lieben. Ich hatte offenbar nicht den bleibenden Eindruck auf ihn hinterlassen.

Dass er mich gernhatte, das glaubte ich schon, doch mit seiner plötzlichen Entscheidung auf diese Art und Weise, schockte er nicht nur mich. Ich litt unter seiner Unreife und Respektlosigkeit sehr lange. Einige Wochen war ich bei meinem Kumpel und ich erkannte, dass die ständigen Gespräche über ihn mir und ihm nicht guttaten, geschweige denn weiterbrachten. So konnte ich nicht weitermachen. Ich musste aufhören, über ihn zu sprechen, doch es tat einfach weh und ich konnte das noch nie in mich hineinfressen, es musste raus. Aber nicht nur das bereitete mir Probleme, sondern auch die Tatsache, dass die beiden befreundet waren und ich ständig von ihm mitbekam, was er so tat und wo er war. Es war unvermeidlich, denn ich konnte nicht verlangen, dass er mir nichts mehr erzählte. Da musste ich durch, auch wenn es wehtat. Das Schlimme war, dass ich noch dankbar war für jede Info, weil ich wissen wollte wie es ihm ging und was er tat. So war ich eben, selbstzerstörerisch und dumm. Ich ließ mich von meinen Emotionen leiten, ohne zu erkennen, dass ich davon Abstand brauchte, nur wie? Ich wollte doch weiterhin Zeit mit meinem Kumpel verbringen.

So schlecht es mir seelisch ging, so klar war ich im Kopf Ende Oktober. Ich machte Coachings zu Themen, die mich betrafen und erkannte noch andere Dinge, die ich an mir ändern wollte. Zum ersten Mal war ich sicher, was ich tun musste und bereute meinen Rücktritt aus der letzten Maßnahme. Beim Versuch, meine Problematik für zu bearbeiten, bemühte ich mich, erneut diese Maßnahme durchführen zu dürfen. Ich bekam die Zusage für Dezember und war getröstet. Bis dahin war ich im November mit meiner Einsicht durch Coaching stärker geworden. Ich konnte beginnen mich selbst wieder zu analysieren und erschrak, dass ich wohl noch immer dieselben Probleme hatte, die ich immer schon hatte, wenn es um Männer ging. Einen Fortschritt machte ich jedoch und ich war stolz darauf. Ich ließ ihn in Ruhe und zog die Kontaktsperre durch.

Es war tatsächlich nicht so schwer wie ich dachte, denn ich konnte ihm zuletzt noch einiges sagen. Aber den Abschluss zu finden, erwies sich ohne ein Gespräch mit ihm als zu schwer.

Ich versuchte es trotzdem alleine, denn was blieb mir auch übrig? Im November schrieb ich dann mein erstes Buch innerhalb von einer Woche, wozu ich vorher Jahre brauchte. Immer wieder angefangen, aber nie durchgezogen. Nun schaffte ich es in kürzester Zeit und des sollte ein Ratgeber Buch werden. Bevor ich es veröffentlichen konnte, gab es technische Probleme und ich musste zur Maßnahme, so musste das Buch noch warten. Und zusätzlich dachte ich mir, dass ich dort noch mehr Erkenntnisse bekommen sollte, die mein Buch dann noch bereichern würden. So wartete ich ab, was dort passierte.

War ich nun geheilt von ihm und dem Kummer? Nein, ich war geplagt von Stimmungsschwankungen. Meine Gedanken normalisierte sich ab und zu, doch die Gefühle machten es mir weiterhin schwer. Und es würde noch dauern, denn das kann nicht einfach so schnell vergessen werden. Doch in der Maßnahme wurde ich wieder ich selbst, wie ich noch vor einem Jahr war. Und darauf hoffte ich. Nicht nur das, ich war entschlossen, meine berufliche Lage zu ändern und wieder motiviert ins Arbeitsleben zu gehen. Endlich war meine Angst verschwunden und ich wurde wieder die selbstbewusste Frau, die ich vermisste in diesem Jahr.

Im Januar 2025 entstand nun das komplett fertige Buch. Ich schrieb es ein wenig um, sobald ich von der Maßnahme wieder zurück war. Mit all diesen wertvollen Lektionen, der Arbeit an mir und den Fortschritten, konnte ich das Buch zwar noch zum Teil so lassen, doch es wurde zu manchen Teilen verändert, und so war es nun für mich perfekt. In einer Woche war es fertig.

Das letzte Kapitel mit einem Mann konnte leider kein Happy End werden. Doch es gab ein Happy End für meine Persönlichkeit.

Meine Hoffnung war es, dass wir uns irgendwann wieder treffen würden und normal miteinander sprechen können. Ob es dazu kommen sollte wusste ich natürlich nicht. War das eine gute Idee? Es würde noch Zeit brauchen. Vielleicht will er nichts mehr mit mir zu tun haben? Warum sollte mich das noch interessieren? Eines war sicher, ich musste mich davon ablenken. Es würde immer wehtun, doch ich konnte damit endlich leben. Die Zukunft sollte zeigen, was aus uns wird, oder nicht.

Ich konnte lange Zeit nicht mehr an seinem Elternhaus vorbeifahren, oder dort wo seine Freunde wohnen. Auch wo es Festivitäten stattfanden, an denen er sicherlich zu finden war, konnte ich nicht besuchen. Ich vermied alles, was mich mit diesen Leuten in irgendeiner Form in Verbindung brachte. Ich wollte sie alle nie mehr sehen. Es tat zu weh, was da passierte unter ihrem Einfluss. Ich hatte keine Angst vor ihnen, sondern vor mir, was ich tun würde aus meinen Emotionen heraus. Das Bedürfnis, diese Leute zu vermöbeln was das Zeug hält, war noch nie größer. Ich musste also fernbleiben, bis ich wieder Stolz zeigen konnte.

So war ich wieder allein und verlassen. Wie immer. Es war viel Arbeit, wieder realistisch zu denken. Nun hatte ich Angst davor, mich wieder zu verlieben, doch ich erkannte, dass dieser Mann eine Sehnsucht weckte, die ich nicht bemerkte. Ich wollte Liebe und eine Zukunft mit einem Mann, der mich behandelte wie er es tat. Eine Familie gründen und glücklich sein im gemeinsamen Leben. Diesen Wunsch spürte ich vorher nie, denn ich wusste nie was ich wollte und machte mir keine Gedanken darüber.

Was war größer? Die Angst vor der Liebe oder der Wunsch nach Liebe? Es würde sich zeigen. Ich wusste nun was ich wollte und was nicht, vor allem von einer Beziehung und welche Art Mann. Offiziell bin ich wohl mit 37 Jahren ein Spätentwickler in dieser Hinsicht.

Es war nicht er, dem ich verzeihen musste, oder seine Entscheidung, mich zu verlassen. Ich war der Mensch, dem ich verzeihen musste, weil ich nicht auf Zeichen achtete und mich stattdessen von Gefühlen leiten ließ. Zeichen, die ich bemerkte, aber ignorierte, voller Euphorie und dem Drang, das zu behalten, was ich liebte.

Auch ich musste lernen, wenn auch spät, dass Liebe oft nicht ausreichen würde für eine gesunde Beziehung. Warum wurde mir das Schönste auf der Welt genommen? Es passiert einfach, dass jemand verlassen wird, jeden Tag. Ich müsste endlich daran arbeiten, mit Trennungen umzugehen. Was sich als sehr schwer herausstellte, aufgrund meiner Persönlichkeit und den starken Emotionen. Doch es führte kein Weg daran vorbei, um mit mir selbst in dieser Hinsicht besser zurecht zu kommen. Ich lernte Wege kennen, die mir dabei halfen und was ich sonst noch tun konnte, um es mir einfacher zu gestalten. Die Gefühle kann niemand abschalten, und schmerzhaft wird es immer sein in solchen Situationen. Und all das, was ich lernte, würde ich nun nie mehr vergessen, weil ich es immer sichtbar für mich machen würde und nicht wieder nach Jahren vernachlässigen kann, wenn der nächste Mann kommt und ich wieder an derselben Stelle ankomme. Durch Gefühle muss jeder durch, auch ich, aber Gedanken und Verhalten muss ich ändern und ich werde eine Tragödie derart nie mehr für mich zulassen und auf mich und mein Bauchgefühl hören, egal was das Herz sagen wird. Ich brauchte mehr Realität und Achtsamkeit in meiner Traumwelt voller Gefühle.

Wo sollte nun hin mit alles Gefühlen, die noch in mir steckten? All die Energie und die Sehnsucht nach Liebe und dem Traummann, der mich immer wieder verließ?

Jemanden zu lieben fiel mir immer leicht. Je nachdem wie ich behandelt wurde und was es für ein Mensch war, genügte, um meine Liebe zu gewinnen. Doch die Umstände mussten passen, sowie gemeinsame Ziele und Zukunftsperspektiven und Wünsche. Ein stabiles Wissen darüber, was jeder von dem anderen möchte und ehrliche Kommunikation über alles, was wichtig ist. Reden und sich richtig kennen lernen, statt sich zu schnell in eine „Sache" hinein zu stürzen.

Ich müsste all die Liebe in mir auch mir selbst schenken, das weiß ich und das kann ich auch. Doch der Punkt war nun, dass ich zwar wie immer schon sehr gut allein sein konnte, aber ich wollte es nicht mehr. Ich brauchte keinen Mann, aber ich wollte einen. Das Schlimmste waren nun die körperlichen Bedürfnisse. Was ich noch ewig vermissen werde… ihn zu spüren.

Es ist selten, dass es sich auch körperlich für mich mit einem Mann gut und richtig anfühlt. Es kam nur zwei Mal vor, mit ihm und meinem Ex vor 6 Jahren. Ist es so, dass ich nie über die ersten Phasen einer Beziehung hinauskommen kann?
Nach der rosaroten Verliebtheitsphase und danach der Kennenlernphase mit viel Streit. Dann sollte sich herausstellen, ob die Beziehung und die Liebe echt ist und beide zusammen sein wollen. Mit mir wollte diese Phasen noch niemand überstehen, weil ich nicht geliebt wurde, oder es aus irgendwelchen Gründen zu schwierig waren. Und dieses Mal kam ich nicht mal weiter in der Phase der Verliebtheit. Dort verlassen zu werden ist schon hart genug.
Und doch bin ich ihm dankbar, dass er sich die Gedanken machte und diese Entscheidung traf, auch für mich.

Denn ich hätte das niemals getan. Ich verdiene mehr. Und vielleicht konnte er mir das nicht geben. Er fühlte sich nicht als Mann, der das für mich sein wollte, oder konnte.

Ich hätte niemals den Mut gehabt ihn zu verlassen. Und mit der Zeit wäre es für uns beide noch schwerer geworden. Er hatte mich vor Schlimmeren beschützt, was mit Sicherheit eingetroffen wäre, und das war das einzig Positive daran. Er hatte mich lieb genug, mich aus den richtigen Gründen zu verlassen. Das machte es nicht einfacher ihn zu vergessen, denn das sprach wiederum für ihn. Für ihn war es auch nicht gerade einfach, sonst hätte er es persönlich getan. Was jedoch keine Entschuldigung ist. Es muss sein! Da muss jeder mit Verantwortung durch. Es geht nicht, jemanden zu vögeln, Verliebtheit oder Gefühle vorzuspielen und per Text dann einfach zu verschwinden. Ich hätte anders reagieren sollen, was ich somit endgültig lernte. Auf Respektlosigkeit erfolgt keine Reaktion mehr, kein Betteln, keine Wut, einfach nur noch Stille. Nicht aus Bosheit, sondern aus Selbstschutz. Er konnte nichts dafür, dass er sich nicht verliebte, obwohl es ganz anders aussah. Was wollte ich auch ein Gespräch mit jemandem, der selbst nicht verstand, was er da überhaupt tat. Klarheit hätte mir das auch nicht gebracht, wahrscheinlich hätte er nicht mal Fragen beantworten können, denn er wollte nur noch weg. Ich habe mehrere Erklärungen dafür selbst analysiert, was unnötig war, doch ich brauchte einen Abschluss. Warum machte ich mich verrückt, wo es ihm bereits scheiß egal war wie es mir ging. Anfangs wohl nicht, doch er konnte nichts machen, weil er völlig überfordert war, dass ich so heftig reagierte. Die Gefühle waren auch für mich zu intensiv.

Was wohl daraus geworden wäre in anderen Umständen oder wenn er sich doch verliebt hätte?

Das Schicksal schickte mir diese Lektion, dass er nicht der Richtige war, vor allem nicht in dieser Zeit. Es war absolut die falsche Zeit und wir gingen es völlig falsch an, viel zu schnell und unbesonnen. Ich wusste nicht was ich will, und er wusste es wohl auch nicht. Als ich mich verliebte, wurde es schwierig und ich dachte immer wieder, was er sich wohl vorgestellt hatte?

Wie hätte das denn laufen sollen? Hätten wir uns nur auf eine körperliche Affäre einigen sollen? Wollten wir das? Das glaubte ich nicht. Und dem hätte ich auch nicht zugestimmt. Wer etwas mit einem anderen Menschen anfängt, sollte es ernst meinen, mit ehrlichen Absichten, oder es sein lassen. Die Absicht in jemandem Gefühle zu wecken und sich dann wieder zurück zu ziehen ist mehr als respektlos und feige.

Das Kennenlernen gestaltet sich eben unterschiedlich. Entweder sie verlieben sich beide, oder nur einer von beiden, was dann für den- oder diejenige immer mies endet. Oder niemand verliebt sich und man kann sogar eine Freundschaft aufbauen.

Das Verhalten zeigt viel mehr und besser als Worte, welche Absicht beide haben. Und das sollte jeder von Anfang an wissen, bevor sie etwas miteinander anfangen. Ich hätte auch mehr reden können, aber auch ich bin nicht fehlerfrei und habe einige Männerherzen gebrochen. Viele Männer wären perfekt für mich gewesen und mein Leben wäre anders verlaufen, doch das war nicht mein Schicksal.

Wenn es langsamer gelaufen wäre ist fraglich, ob es dann funktioniert hätte. Er war nie im Leben bereit für das, was ich wollte. Ich selbst erkannte diesen Wunsch auch erst mit der Zeit. Ich werde mich wohl nie mehr in eine solche Sache hineinstürzen, sondern klar kommunizieren müssen, was ich will. Entweder habe ich ehrliche Absichten und versuche herauszufinden, ob es dafür passt, oder ich weiß vorher, dass es nichts werden

wird. Ich bin überzeugt, dass jeder vorher einschätzen kann, ob er sich mit diesem Menschen etwas vorstellen kann oder nicht. Es gehören einige Dinge dazu wie körperliche Anziehungskraft durch die Ausstrahlung und Gespräche, in denen die Sympathie und Chemie stimmt. Ob beide sich dann verlieben, bleibt abzuwarten, aber wenn von Anfang an keine Anziehung besteht, möchten beide sich auch nicht mehr vorstellen. So kenne ich es zumindest, denn die Entwicklung von Liebe lernte ich leider nie kennen. Nur den möglichen Anfang.
Ich fragte mich oft, warum er das alles mit anfing, wenn er es am Ende nicht wollte. Sich nicht zu verlieben war noch nachvollziehbar, doch sein Verhalten sagte etwas anderes.

Es gab Momente, die ich bereute, denn ich hätte sie schöner gestalten können und mich Dinge trauen müssen, die ich nun tun würde. Doch ich hatte noch zu große Angst. Er hatte nie erfahren, was er mir bedeutete und warum mir die Trennung so schwerfiel. Ich hätte es ihm so gerne erklärt. Es gab vieles, was ich ihm verschwieg, weil ich mich zurückhalten wollte und mir manches peinlich war. Ich hätte gern mit ihm darüber gelacht, eines Tages, doch ob das je passieren wird?

Trotzdem waren viele Momente noch schöner nicht möglich. Und dass ich nicht ich selbst sein konnte bereute ich genauso. Was hatte ich falsch gemacht? Zu wenig oder zu viel? Dabei gab ich mir solche Mühe. Am Ende war es egal was ich tat, es hätte nichts geändert. Es tat mir leid, dass er mich nie so kennen lernen konnte, wie ich wirklich bin und ich ihm vieles erzählen wollte, wo ich nicht ehrlich zu ihm war. Es war mir wichtig für meinen Abschluss mit der ganzen Geschichte, ihm das alles noch zu erzählen und zu gestehen. Ich wollte es erwachsen und persönlich klären.
Doch er gab mir diesen Abschluss nicht. Ich musste es akzeptieren. Er wollte mich nicht mehr und wahrscheinlich war ich

ihm auch völlig egal geworden, was mich am meisten schockierte, obwohl man sich so gernhatte. Was hatte ich ihm bloß getan, dass er mir das nicht gewähren konnte? Ich hatte für alles Verständnis und ließ ihn in Ruhe, wo andere Mädels sicherlich ausgerastet wären mit einer Textnachricht in meinem Alter abgeschossen zu werden wie der letzte Dreck. Was würde es auch bringen?

Vielleicht war ein Gespräch noch zu früh und keine gute Idee. Wer weiß das schon. Ich musste meine Bedürfnisse wieder zurückstellen und nahm mich brav zurück. Warum war ich nicht wütend? Wegen meiner Gefühle für ihn? Nein, auch wenn ich noch verliebt war und ihn wohl immer vermissen würde als Mensch, ich konnte ihm nicht böse sein, weil ich einiges an Menschenkenntnis besaß und erkannte, warum er das alles so tat. Die Art meiner Analyse lag mir schon immer und befähigte mich, zuerst daran zu denken, aus welchem Grund sich jemand mies verhält, und so wusste ich, dass es kein Grund ist auf jemanden wütend zu sein. Diese Gabe nannten viele Dummheit, weil ich doch verletzt wurde. Doch es ist emotionale Intelligenz. Die erste Reaktion war auch oft noch wütend. Doch bei genaueren Überlegungen wurde schnell deutlich und akzeptabel, dass es viele Erklärungen gibt und sich meine Wut in Verständnis verwandelte.
Wieder andere nennen es Empathie und ich bin stolz auf diese weit ausgeprägte Kompetenz. Und das war wohl auch sein Glück. Es ist zwar stimmungsabhängig, aber funktioniert überwiegend.
Er hatte mich als einziger Mann bisher richtig behandelt und glücklich gemacht, auch wenn es viel zu kurz war. Ich war natürlich verletzt wegen meiner Gefühle, doch manchmal muss einfach jemand verletzt werden, auch wenn es unangenehm und schmerzhaft ist, denn so ist das Leben. Ich hätte nur einfach nicht damit gerechnet, weil alles anders aussah.

Ich war enttäuscht von mir, weil ich mir das alles anders vorstellte und offenbar einbildete. Ich wusste, dass ich nichts falsch gemacht hatte, doch jemanden zu verlieren, der mich glücklich machte, war mir neu und schwer zu verkraften. Am Ende war die Dankbarkeit über diese schöne Zeit, und dass wir uns gegenseitig einige Zeit guttaten konnten, größer als der Frust. Es war wichtig, an mir selbst zu arbeiten und deshalb wurde mir diese Lektion gegeben. Für mich gab es immer nur die harte Tour, und ich war nicht die Einzige, der das passierte. Es sollte so oft passieren, bis ich meine Lektionen positiv für mich umsetzen kann.

Die Stärke daraus ziehen wir, wenn wir erkennen, was die Lektion ist und über uns hinauswachsen, indem wir sie lernen und etwas verändern, was für uns nötig ist. Es ist keine Schuldzuweisung. Gefühle entstehen oder eben nicht. Niemand kann etwas dafür. So ist es oft keine Lektion, sondern einfach der Lauf der Dinge.

Er wird immer in meinem Herzen bleiben und wenn ich ihn sehen sollte, wird es immer etwas mit mir machen. Denn er war die größte Liebe, die ich bisher hatte. Ironie, aber das Schönste, und zugleich Schlimmste, was mir je passierte.

Ich wollte niemals Streit mit ihm, doch es war unvermeidlich. Ich konnte ihm die kalte Schulter zeigen an Fasching und es brach mir das Herz, mir nichts anmerken zu lassen. Ich liebte ihn noch immer so sehr und es war ein schwerer Tag für mich. Trotzdem war ich froh, mein Muster durchbrochen zu haben und es geschafft zu haben, ihn zu ignorieren. Dabei haben meine Freundinnen mir beigestanden und das Schicksal wollte das genau in seiner Nähe testen. Ich war so stolz auf mich und zugleich schrie mein Herz nach ihm. Es verwirrte ihn sichtlich.

Er verstand es nicht und das war gut so. Es war wichtig für
mich, das zu schaffen. Danach sahen wir uns nur noch selten
an Festivitäten und die Ignoranz wurde fortgeführt. Doch es
gab Streit über Missverständnisse, sie ich gerne geklärt hätte,
doch er war überzeugt von mir als Bösewicht, und das hatte ich
wieder nicht vertragen. Reden ist einfach mit vielen Menschen
nicht möglich, die bereits ein Bild von dir haben und unreif
sind.
Ich musste das schlucken, obwohl ich wusste, wer hier Lügen
verbreitet hatte. Der Streit wurde beabsichtigt und es funktionierte. Er ließ sich von denen manipulieren, die mich leiden sehen wollten. Und sie siegten.
Mein gutes Herz wollte ihm nicht böse sein und ich versuchte
ihm weiter freundlich gesonnen zu sein. Im Mai 2025 schrieb
ich ihm, dass ich ihn immer liebhaben werde. Dumm, ich weiß,
doch ich musste es ihm sagen.
Keine Reaktion, warum auch?

Im Juli war es dann soweit, dass ich mir nichts mehr gefallen
ließ und machte einen Fehler. Ich provozierte ihn in einem Post
auf social media, um heraus zu finden, ob er das überhaupt
sieht, weil er mich überall blockierte, so wie ich ihn auch. Tatsächlich kam sofort eine Reaktion und ich dachte gleich, er hat
Spione oder doch Möglichkeiten meine Posts zu verfolgen.
Seine Reaktion war ekelhaft und verständlich, doch ich wollte
eine Reaktion, ich bekam sie. Wegen diesem Post war er froh
über seine Entscheidung, sich von mir zu trennen und betonte,
dass es seine Entscheidung war. Warum war ihm das noch so
wichtig? Ich glaubte das sowieso nicht. Er wurde beeinflusst,
fertig. Klar war es seine Entscheidung, und er war eiskalt, doch
das ist der Schock, den ich immer brauchte, um wieder klar zu
denken und die Realität zu erkennen. Er war wohl nie der
Mann, für den ich ihn hielt.

Ich entschuldigte mich erst für diesen Post und nahm in raus, doch einige Tage später kam die Wut in mir hoch und ich ließ es mir nicht nehmen, ihm nun auch einmal alles zu sagen, wozu ich nie die Chance bekam.

Ich schrieb ihm, dass er über Text offenbar stark ist, aber persönlich ein Feigling ist. Sollte er mir das alles einmal ins Gesicht sagen, würde ich Respekt vor ihm haben, doch jetzt war ich nur noch sauer. So kannte ich mich nicht. Schluss mit Verständnis und Friede Freude Eierkuchen. Ich bot ihm so oft an zu reden, um Missverständnisse zu klären, dann wäre der ganze Scheiß und mein Post aus Trotz nicht nötig gewesen. Es war auf seine Kappe gewachsen, dass ich auch mal einen Fehler machte, nur ich stand dazu und sah es ein.
Trotzdem machte ich ihm klar, ich poste was ich will und wie ich will. Ohne Namen zu nennen, denn so schreibe ich auch dieses Buch, indem ich ihn nur mit größter Wertschätzung erwähnte, bis hierhin.
Ich poste und schreibe die Wahrheit, genau das was passierte. Und wenn ihn das nun in ein schlechtes Licht stellt, tut es mir leid, denn ich hatte es lange, trotz qualvoller Schmerzen anders versucht. Jetzt reicht es. Er verursacht in mir diese Verwirrung und wundert sich dann über so einen Blödsinn, den ich aus Schmerz machte. Jeder macht Fehler.

Da er offensichtlich immer noch nichts verstand, blieb mir nichts anderes übrig, mich zu befreien, indem ich ihm alles sagte, was ich noch quälte. Er solle sich Eier wachsen lassen und erwachsen werden, bevor er sich wieder an eine Frau heranmacht. Hätte definitiv alles vermieden werden können, und ich werde mir nun niemals mehr die Schuld an dieser Sache geben. Ich bin kein Opfer, doch das war zu viel. Das war das 3. Mal, dass er mich verletzte, doch vielleicht verletzte ich ihn damit auch.

Zusammensetzen, miteinander reden, für Fehler entschuldigen, Rückrad und Anstand zeigen, Verantwortung und erwachsenes Verhalten zeigen. Doch wer das nicht kann, sollte sich niemals per Text wagen, jemanden noch anzugreifen oder zu beleidigen. Ich provozierte es und war es selbst schuld. Ich wollte in irgendeiner Form wieder Kontakt zu ihm und hatte es für den Moment geschafft. Leider war das der falsche Weg, doch was hatte ich noch zu verlieren?

Nun war alles gesagt und ich war erleichtert. Ich hasste ihn nicht, aber er sollte mich in Ruhe leiden lassen, denn er würde es nie verstehen, da er nie in dieser Situation war.

Als ich im August oder September sah, dass er eine neue Freundin hatte, war ich natürlich noch immer verletzt, erneut. Doch das musste ja kommen. Ich hatte böse Tage und wusste nun, dass das Thema endete. Schreckliche Gedanken und Gefühle kamen wieder hoch als ich sie sah auf dem Foto. Ich war schockiert, da er nicht besonders glücklich aussah, doch das dufte mich nicht mehr interessieren. Ich war stark und hielt mich an alles, was mit guttat und lehnte strikt ab, was mich verletzte. Ich schaute nicht mehr bei social media, weil ich wusste, ich vertrage es noch nicht. Ich wünschte ihm sogar alles Gute und hoffte, dass sie nun die Richtige für ihn sei. Danach blockierte ich ihn aus Angst, dass er wieder ekelhaft reagieren würde. Oftmals war ich stark genug, darüber zu stehen, doch an manchen Tagen eben wieder nicht.

Ich vermied weiterhin alles, um ihn nicht mehr zu sehen, denn er mit seiner Freundin glücklich zu sehen, das wäre mir noch nicht möglich gewesen. Bis Ende 2025 litt ich zwar weniger, doch er war noch immer in meinem Herzen. Das wird er wohl auch bleiben. Der nächste Schritt ist, durch die Angst zu gehen und ihm an Fasching 2026 wieder zu begegnen. Ich wusste nicht, ob ich das schaffen würde und wollte es eigentlich nicht. Doch es musste irgendwie weiter gehen.

Da ich mich unter vielen Menschen auch nicht mehr wohlfühlte, vor allem diesen Leuten, musste ich mich zwingen, weil ich mit meinen Freundinnen feiern wollte. Ich sah sie schon viel zu wenig und wollte es nicht verpassen, da es unsere Tradition war. Was dort passierten sollte, steht noch in der Zukunft, da ich das Buch in der Neuauflage im Januar 2026 veröffentlichte. Die erste Version war im April 2025 auf dem Markt, diese erschien im Januar 2026.

Und da es auch einen neuen Mann in meinem Leben gab, wird es so oder so eine Fortsetzung geben. Denn er half mir sehr, über diese Liebe hinweg zu kommen.

Kapitel 10:

Ratschlag

Du erkennst dich vielleicht in manchen Geschichten wieder? Ist dir Ähnliches passiert und du verstehst nicht warum? Menschen verletzen dich und du suchst nach Antworten? Du bist verzweifelt und ängstlich, was noch alles passieren könnte? Du möchtest die Liebe mit dem richtigen Partner finden?

Nun ja, aus meiner Erfahrung ist erst einmal viel Arbeit an dir selbst und erkennen, wie du deine Einstellung ändern kannst. Arbeite an dir. Analysiere dich und deine Gefühle, Gedanken und Verhaltensmuster. Wer bist du? Warum bist du wie du bist? Was ist deine Persönlichkeit? Welche Probleme hast du mit Menschen oder Situationen, oder vielleicht mit dir selbst? Wenn du dich selbst kennen lernst und verstehst, kannst du lernen, klarer zu denken und mit allem was dich belastet besser umzugehen, denn ohne dir die Schuld zu geben, es liegt oft an uns selbst, dass wir uns im Weg stehen und es nicht wissen. Du bist nicht alles schuld, aber du könntest erforschen, was du an dir ändern kannst, um einen besseren Umgang mit dir selbst und deinem Umfeld zu gewährleisten. Lerne also, dich selbst zu akzeptieren und zu lieben, wie du bist. Das löst schon oftmals Blockaden und gibt Momente der Befreiung und der Erkenntnis. So wird dir dann auch nach und nach bewusst, was du willst. Du bekommst Frieden, indem du ruhiger wirst.

Komm aus der Opferrolle und hör auf, ständig anderen die Schuld an deinen Misserfolgen und Enttäuschungen zu geben. Aber lasse dir auch nichts gefallen, was du nicht verdient hast.

Lerne, was Achtsamkeit und Selbstliebe bedeutet und starte ein Coaching von Spezialisten. Dadurch lernst du, selbstbewusster zu werden, stärker und mehr darauf zu achten, was deine Bedürfnisse sind. Auch Tipps für eine gesunde Beziehung erhältst du viele. Wovon ich allerdings abrate, sind Coaching, wie du den Ex Partner zurückeroberst. Das Ziel sollte sein, ihn gehen zu lassen und dich auf dich zu konzentrieren, denn wer nicht bei dir sein möchte, der kommt auch nicht mehr zurück. Es kann wohl durchaus auch anders laufen, aber die Konzentration auf den Ex ist ungesund. Doch viele Coachings helfen nur dir und dem Wesentlichen, was du brauchst, um auch Trennungen zu überwinden oder mit Liebeskummer umzugehen. Es gibt Kommunikations- Trainings oder Hilfe bei Kindheits-Trauma, was auch die Arbeit an deinem inneren Kind genannt wird. Viele Probleme entstanden in der Kindheit und müssen vielleicht gelöst werden.

Erkenne deine Problematik und recherchiere darüber. Was bedeutet Emotionale Anhängigkeit? Wie entsteht sie und wie kann ich sie lösen? Was ist Verlust Angst oder auch Bindungsangst? Welchen Beziehungstyp stelle ich dar? Welche Ängste blockieren mich? Informiere dich auch über psychische Erkrankungen. Hast du eine depressive Phase und weißt nicht was zu tun ist?

Lerne, warum du dich selbst zurücksetzt und dich selbst sabotierst und vernachlässigst? Machst du deinem Partner alles recht und vermeidest Streit aus Angst ihn zu verlieren? Traust du dich nicht du selbst zu sein? Arbeite an deinem Selbstwert und durchbreche wiederkehrende Muster, die dir schaden.

Frage dich nicht, warum dir das alles immer wieder geschieht. Sei dankbar dafür und akzeptiere die Vergangenheit.

Wenn du Fehler gemacht hast, stehe zu ihnen, lerne daraus und verzeihe dir selbst, dass du auch mit dir selbst nicht immer achtsam warst. Hast du dir zu viel gefallen lassen? Hattest du zu viel Verständnis und nichts davon für dich selbst gehabt? Wurde immer nur von dir verlangt, dir aber nichts gegeben? Was brauchst du? Deine eigene Liebe zu dir selbst. Du darfst auch Nein sagen ohne Bedenken, wenn du etwas nicht möchtest. Vielleicht bist du nicht zu viel, aber zu viel für den falschen Mann, der dich nicht verdient. Du bist eine Bereicherung für andere, bekommst aber nichts zurück? Karma merkt sich alles, glaube mir. Alles findet zur richtigen Zeit zu dir. Wenn du soweit bist und deine Lektionen gelernt hast, denn nichts passiert ohne Grund. Jeder Mensch hat eine Bedeutung in deinem Leben. Manche kommen vorübergehend in dein Leben und verschwinden wieder, weil sie dir etwas beibringen wollten.

Höre auf deine innere Stimme, denn dein Bauchgefühl ist nicht gleich paranoid, sondern gibt dir wertvolle Signale, die du nicht ignorieren solltest.

Erlaube dir, Fehler zu machen ohne dich dafür zu bestrafen, sondern vergib dir. Es ist menschlich und ein Muss für deine Entwicklung, bestimmte Fehler zu machen. Andere Fehler zu wiederholen, das sollte allerdings nicht mehr passieren, es sein denn, du hast nichts daraus gelernt. Dann musst du leider immer wieder durch diese Qualen. Wenn du das daraus resultierende und immer wiederkehrende Übel dann nicht verstehst, hast du wohl immer Leidensdruck.

Lerne Skills kennen. Probiere sie aus, was davon zu dir passt. Was hilft dir? Was machst du gerne? Versuche neue Dinge oder Hobbies aus. Erfinde dich neu und übe dich.

Grübeln kann sehr schädlich sein und zu viel denken zerstört mehr Gutes, als Gutes zu erreichen. Du kennst vielleicht den Spruch, dass man sich auch etwas kaputt denken kann. Und es ist wahr, der Gedankenstrudel geht oft in eine Richtung und bringt dir mehr Probleme, die vorher nicht da waren. Lenke deine Gedanken, indem du deine Emotionen kontrollierst. Wenn deine Emotionen dich und deine Gedanken beeinflussen, bekommst du Probleme und triffst falsche Entscheidungen. Daher ist es wichtig, eigene Emotionen deuten zu können und zu verstehen, dass deine Intelligenz nicht von ihnen besiegt werden darf. Versuche realistisch zu bleiben, aber schließe deine Gefühle nicht komplett aus. Die gesunde Mischung von Gedanken, Gefühlen und deinem Verhalten macht es aus.

Gib niemals die Macht über dich an jemand anderen ab. Laufe keinem anderen Menschen nach, der nicht von selbst zu dir kommen will, oder dich verlässt. Du darfst alles an Gefühlen zulassen und musst sie durchleben, aber bewahre deinen Stolz und deinen Selbstwert. Das ist wichtig für dein Wachstum und deine Heilung. Versuche nicht, Gefühle zu verbergen oder als unwichtig abzutun. Du bist keine Maschine. Heilung ist kein Sprint, der schnell vorüber geht, sondern ein Marathon, mit viel Schmerz, der durch Geduld und Arbeit bestanden wird.

Schließe Frieden mit dem, was du nicht ändern kannst. Versuche nicht andere ändern zu wollen, das ist respektlos und deine Energie nicht wert. Jeder Mensch kann nur sich selbst ändern, wenn er das möchte. Genauso kann sich jemand nur helfen lassen, wenn er es zulässt. Du kannst niemanden zwingen, auch wenn du es gut meinst. Werde nicht Co- abhängig, wenn du nicht damit umgehen kannst. Lerne, was Co-Abhängigkeit ist und wie du herauskommst.

Sei dankbar satt böse über all das, was dir alles widerfahren ist. War es gut so, dass es so lief? Bereust du etwas? In den meisten Fällen war es das Beste, etwas zu verlieren, damit etwas Schöneres passieren kann. Es tut immer weh, einen geliebten Menschen zu verlieren, doch hinterfrage die Situationen. Manchmal ist es schlimm und wir müssen einfach damit leben. Doch erkennst du aus anderen Verlusten die Vorteile, dann wächst du an Weisheit.

Frage dich nicht, warum dir wehgetan wird. Warum bekomme ich kein respektvolles und klärendes Abschluss Gespräch? Warum werde ich per Text abserviert? Warum war ich so wenig wert?
Es ist oft die Angst, die Menschen dazu verleitet, sich respektlos verhalten, oder auch die Probleme, die sie mit sich selbst haben. Lerne nicht alles persönlich zu nehmen. Kein Mensch ist perfekt oder wird sich immer in deinem Sinne verhalten. Ärgere dich, denn es ist absolut nicht schön, wenn du das ertragen musst. Du darfst nie davon ausgehen, dass Menschen sich so verhalten, nur weil du es so tun würdest.
Geh deinen Weg und bedaure andere dafür, dass sie es nicht schafften, sich erwachsen und richtig zu verhalten. Solange du es tust, bewahrst du dein Gesicht anderen gegenüber. Viele Menschen sind aber nicht soweit oder haben es nie gelernt. Verschwende keine Energie daran, darüber zu lange böse zu sein, denn es würde nichts ändern. Wünsche das Beste und viel Weiterentwicklung.

Wie lernst du das nun alles?
Ich persönlich empfehle eine Therapie, Coachings und eigene Recherche. Tatsächlich auch social media.
Es bedarf viel Übung und Geduld, aber vor allem die Einsicht und der Glaube an dich selbst.

Deine Motivation ist der Schlüssel für dein Leben. Und zusätzlich lernst du auch viel über dein Umfeld.

Es ist ein langer Prozess und kein Zuckerschlecken. Aber die Fortschritte zu sehen, wenn du ein Muster durchbrichst, das dich sonst in Schwierigkeiten brachte, machen dich stolz. Du wirst stetig besser und eignest dir Kompetenzen an, entdeckst Talente und Vorlieben, kannst ruhiger und bewusster denken und Frieden erlangen.

Schlusswort

Meine ganze Kraft und Liebe legte ich im November 2024 in dieses Buch. Nacht für Nacht im Liebeskummer, der Einsicht und Erkenntnis aus dem Lernstoff, der mich nährte.
Ich rannte immer völlig geistesgestört durch meine Traumwelt. Orientierungslos und ohne Perspektive.
Alles, was mir geblieben war, ist die Tatsache, von nun an alles zu ändern, was mir bisher Kummer bereitete. Das Beste war, dass mir endlich bewusstwurde, wer ich bin und das zu akzeptieren.

Das Schicksal gab mir alles, was ich brauchte zur richtigen Zeit, ob es nun die Lektion oder das Glück für mich war. Es gehörte viel Mut dazu, manche Wege ganz allein zu gehen. Und ich weiß nun, dass die Schwächen, die ich an mir wahrnahm, im Prinzip meine Stärken sind.

Ja, ich bin eine Träumerin in meiner Traumwelt, weil die Realität oft zu schmerzhaft ist. Ich kann mit allem umgehen, doch ab und zu von einer anderen Welt zu träumen tut glaube ich jeder. Ich konnte mir bisher viele meiner Träume erfüllen und habe etwas aus ihnen gemacht, aus dem einen mehr, dem anderen weniger, wie es mir gerade passte. Das ist meine Freiheit.

Trotz der Enttäuschungen, dem Kummer und dem Leidensdruck, den ich mit Männern zu oft hatte, so habe ich doch meinen Glauben an die Liebe nicht verloren, und wenn, dann nur vorrübergehend. Mein Herz schlug oft langsamer, aber es starb nie. Die Liebe, auf die ich hoffe, gebe ich mir selbst und meinen Neffen, bis der richtige Mann vielleicht noch in mein Leben tritt.

Das was ich 2024 erlebte mit diesem lieben Menschen, möchte ich wieder haben, denn so stelle ich es mir vor. Und vielleicht sogar noch besser, wenn das überhaupt noch möglich ist. Ich denke der Grundsatz wäre wichtig. Ein Mann der mich liebt und bei mir bleibt.

Weiß ich nun was Liebe ist?

Es gab also nur 3 Männer, mit denen ich eine prägende Geschichte und Gefühle nachweisen konnte, bisher. Die Jugend gab mir die beginnenden Katastrophen, meine 20er Jahre gaben mir übermäßig viele Erfahrungen und Spaß. Meine 30er Jahre ließen mich ruhiger werden und verstehen, was ich vom Leben will. Die 3 Männer waren leider nicht für meine Zukunft bestimmt. Der erste hatte mich mit meinen ersten Erfahrungen schon direkt zerstört und im Nachhinein weiß ich nicht, was ich je an ihm fand und ob ich überhaupt verliebt oder nur wahnsinnig war. Für diese verlorene Zeit mit diesem Mann schämte ich mich jahrelang und es formte meine weiteren Erfahrungen negativ. Der zweite Mann war zwar endlich einmal eine Beziehung, aber mehr ärgerlich als schön, ohne Gemeinsamkeiten. Es war mehr körperlich und daher auch nicht das, was man unter Liebe versteht, sondern eher Abhängigkeit von meiner Seite nach. Eine neue Erfahrung, die ich nicht kannte. Hier entstand zusätzlich noch mehr Kummer, Verzweiflung und Angst, als er mich verließ. Ich wollte nichts mehr von Männern wissen und allein glücklich werden, denn es war mir bisher zu grausam. Dann kam der dritte Mann, der mich zum ersten Mal glücklich machte und mir das gab und mich so behandelte, wie ich es mir in Träumen vorstellte und vermisste. Leider war es die falsche Zeit für uns und es passte nicht. Der Schock war groß, dass auch er mich verließ, wie jeder Mann davor. Doch meine Dankbarkeit ist umso größer, denn er hatte mich gerettet. In nur 2 Monaten mit ihm lernte ich, was ich will und er war wohl der Einzige, der meine Liebe verdient hatte. Natürlich war der Abgang mies und respektlos, aber mir war wichtiger, dass ich endlich einmal glücklich mit einem Mann war, der mich verdient gehabt hätte. So bekam ich Hoffnung, dass ich mit einem Mann doch noch mein Glück finden werde, weil dieser Mann so lieb war und mich eine Zeit lang wertschätze und wollte.

Meine schlechte Meinung über mich selbst konnte ich somit über Bord werfen und wieder ich werden. Ob er nun ehrlich war oder nicht, oder es ernst meinte und kalte Füße bekam, ich weiß es nicht, aber das, was er mir gab, gab mir Freiheit und dafür werde ich ihn immer schätzen und nie vergessen.
Wenn es ehrlich war, dann hatte er meine Liebe verdient. Und ich denke er war der Einzige, der echte Gefühle in mir weckte, nicht nur weil er mich wollte und mir einen Traum erfüllte für kurze Zeit, sondern weil er ein besonderer Mensch war. Ich mochte alles an ihm, auch wenn wir uns nicht lange genug kannten. Die anderen beiden waren als Menschen nicht besonders freundlich zu mir und hatten nicht den Charakter, den ich toll fand. Wer mich zum besseren statt schlechteren Menschen macht, den liebe ich auch, und das schaffte nur er.

Es gibt Liebe auf den ersten Blick, die sich entwickeln muss und es gibt Zuneigung mit Aussicht auf Liebe, die sich ebenfalls entwickeln muss. Aber spürst du von Anfang nur ein Detail, dass du an jemandem anziehend findest, ist die Chance auf Liebe gegeben. Ich habe viel gelernt auf schmerzhaften Wegen und weiß nun, worauf ich achten muss. Die Männer, die mir optisch gefielen, stellten sich meistens als die schlimmsten Menschen heraus, es war wohl nur körperliche Begierde, und es war daher oft mein Segen, dass ich diese Männer nie bekam. Andere, die mir anfangs nicht gefielen, schloss ich durch ihre Art ins Herz und wer sich Mühe gab, mich zu erobern, in den verliebte ich mich recht schnell und verlor sie genauso schnell wieder. Doch das waren die Männer, die plötzlich zu den attraktivsten und liebenswertesten Männern wurden, denen ich mein Herz schenkte.

Leider gab es auch viele, die ich zwar ins Herz schloss oder lieb fand, doch ich entwickelte trotz süßer Bemühungen, keine Gefühle. So ist das Leben.

Ich habe verstanden, dass ich nun mal Chaos und Drama bin. Meine Arbeitswelt ist Chaos und ich liebe es. Niemand versteht das und das wurde mir scheiß egal. Es soll auch keiner verstehen außer mir. Ich bin ruhig und gelassen geworden und sehe keine Schwierigkeiten. Das war ein langer Weg, den ich endlich geschafft habe. Ich habe zwei abgeschlossenen Ausbildungen und mir steht alles offen. Ich bin nebenbei selbständig in vielen Bereichen und liebe es. Ich möchte Bücher schreiben und arbeite als freiberufliche Schriftstellerin, die hoffentlich noch viele Bücher für einen Verlag schreiben darf. Ich treffe blitzschnelle Entscheidungen, über Menschen und meine berufliche Situation. Ich folge meiner Intuition, die sich jeden Tag ändern kann. Ich lerne gerne sehr viel in bestimmten Bereichen und bilde mich weiter. Ziele verändern sich stetig und ich schäme mich für nichts mehr. Mein Selbstbewusstsein kehrt zurück und ich gebe nichts mehr auf die Meinung anderer, die mich jahrelang belastete. Ich bin niemand und werde nie jemand sein, der in einem Beruf bleibt, solange ich mich nicht wohl genug fühle mit allen Bedingungen. Ich möchte Frieden und bekomme ihn immer, weil das Leben zu kurz ist, um mich zu belasten. Ich kenne meinen Wert und tue das was ich will und mir guttut. Wer meine Lebensweise und mich schlimm findet, nicht versteht, oder nicht damit klarkommt, soll sich von mir fernhalten. Man meint es gut ist Schwachsinn! Wenn mich nichts belastet, warum belastet es dann andere?

Leben und leben lassen. Ich bin stark und anders, als die meisten Menschen, worauf ich stolz bin. Ich konnte unglaublich viel lernen wegen all den Männern, mit denen ich die schönsten und schlimmsten Erfahrungen machte, wofür ich dankbar bin. Doch ich lasse nie mehr zu, dass ein Mann solche Macht über mich gewinnt. Umsetzung der Lektionen und Muster durchbrechen ist der „move", der mich nun vorantreibt.
Also!
Kein Happy End für die Liebe, aber für meine Persönlichkeit und mein Leben. Ob ich wohl noch dem passenden Mann begegnen werde? Vielleicht kommt eine Fortsetzung mit noch mehr Chaos und Drama, oder doch ein schönes Happy End?

Bitte bleiben Sie dran
Please hold the line